出境旅游领队培训与考试用书

CASE STUDY ON OUTBOUND TOUR LEADING

出境旅游领队工作案例解析

（第3版）

黄恢月　仉向明 ◎ 著

北京·旅游教育出版社

策　　划：李红丽

责任编辑：李红丽

图书在版编目(CIP)数据

出境旅游领队工作案例解析/黄恢月，仉向明著．－北京：旅游教育出版社，2008.1(2016.5)

ISBN 978-7-5637-1565-7

Ⅰ．出… Ⅱ．①黄…②仉… Ⅲ．旅游服务—案例—分析 Ⅳ．F590.63

中国版本图书馆 CIP 数据核字(2007)第 177236 号

出境旅游领队培训与考试用书

出境旅游领队工作案例解析

Case Study on Outbound Tour Leading

（第3版）

黄恢月　仉向明　著

出版单位	旅游教育出版社
地　址	北京市朝阳区定福庄南里1号
邮　编	100024
发行电话	(010)65778403 65728372 65767462(传真)
本社网址	www.tepcb.com
E-mail	tepfx@163.com
印刷单位	北京甜水彩色印刷有限公司
经销单位	新华书店
开　本	787毫米×960毫米　1/16
印　张	11.75
字　数	182千字
版　次	2015年10月第3版
印　次	2016年5月第2次印刷
定　价	28.00元

（图书如有装订差错请与发行部联系）

第3版出版说明

近年来,随着人民生活水平的提高和改革开放进程的加快,公民出境旅游人数在迅速增长,出境旅游目的地国家(地区)也在不断增多。同时,也对出境旅游领队人员的知识结构、业务素质提出了更高的要求。为了进一步提高出境旅游领队人员的综合素质,满足出境旅游领队培训与考试的需要,我们出版了这套"出境旅游领队培训与考试用书"。

本丛书是一套专为出境旅游领队而编写的培训与考试用书,内容丰富,可操作性强。包括《出境旅游领队实务》《旅游目的地概述》《领队英语》《出境旅游领队工作案例解析》,主要介绍了出境旅游领队的工作流程及业务规范、与出境旅游相关的法律法规、旅游目的地国家(地区)概述、领队英语、如何提高领队服务技巧、增强法律法规意识等方面的知识。

本丛书主要有以下特点:

第一,权威性。本丛书作者既有在各大旅游院校从事相关教学工作的经验,又拥有丰富的领队实际工作和培训经验,保证了丛书内容的准确性和权威性。

第二,规范性。《出境旅游领队实务》《领队英语》均按出境旅游领队的基本工作流程安排章节;《旅游目的地概述》按目的地国家(地区)基本知识进行介绍,读者可以按"文"索骥、随用随查;《出境旅游领队工作案例解析》则精选了领队实际工作中的典型案例,从法律法规、行为规范等层面进行了分析。

第三,实用性强。本丛书介绍了领队实际工作中的基本知识、流程与规范以及紧急情况的处理技巧,具有很强的实用性。同时,本丛书内容基本上是要点性的介绍与讲解,或是针对性的分析,易于培训教学。

《出境旅游领队工作案例解析》由浙江省旅游局市场开发处副处长、原浙江省旅游质量监管管理所副所长黄恢月先生和杭州市中国旅行社出境中心质量总监仇向明女士编著。黄恢月先生专职从事旅游服务质量监管工作多年,具有丰富的处理旅游服务纠纷的实践经验。仇向明女士,长期从事旅行社接待管理工作,是旅行社资深服务质量总监,从入境旅游就开始从事旅游服务接待工作,后重点转入出境旅游服务接待,并承担起旅行社内部服务质量的管理工作,在业内具有较强的影响力。两位作者将日常工作中真实的案例系统整理出来,并进行详尽的分析和阐述,为现在正在从事和将来愿意从事领队工作的人员提供了具有直接指导意义的范例。

本书包括文明修养篇、诚信服务篇、职业素养篇、工作规范篇、旅游安全篇五大部分，列举了108个出境领队工作中的典型案例。从案例到分析，具体阐述了在新的形势与环境下，出境游领队人员在工作中应当具备何种能力及素质、如何调整思维模式和工作方法，以迎接工作实务中的各种挑战，解决面临的棘手问题。本书具有案例真实有趣、分析有理有据、经验可借鉴性强等特点，便于领队人员参考借鉴。

本丛书既可用于出境旅游领队人员培训和考试，也可作为广大出境游客了解出入境及目的地国家（地区）概况的工具书。

丛书在编写过程中得到了孙佳莉、王红平、徐海、吴秀兰、何建锁、高俊峰、徐勇、马本忠等各省局领导的指导，在此深表谢意。真诚地希望读者在使用中能够及时反馈不足，我们定会虚心采纳，使本丛书不断提高与完善。

旅游教育出版社

第 3 版前言

和境内旅游服务纠纷相比，出境旅游服务纠纷产生的原因更为复杂。旅游服务纠纷的产生，和旅行社的行程安排、服务收费、领队服务、供应商的配合、游客对于旅游的认知、旅游目的地的社会治安、服务供给息息相关。领队作为旅游团队服务的核心人物，在出境旅游服务中，其服务的规范与否直接影响着旅游服务质量的优劣，也对旅游服务纠纷的化解或者扩大起着决定性的作用。

出境旅游服务纠纷发生的可能性，存在于旅游服务的所有环节中，从旅游服务广告开始，到游客的咨询、签订旅游合同、行前会的召开、合同的变更、转让及履行等，只要某一个环节出现问题，就可能导致游客对旅游服务投诉。一个优秀的领队，可以弥补销售服务、计调服务、硬件服务的不足，并能及时发现游客的情绪变化，与游客进行有效的沟通，把游客的不满解决在萌芽状态；与此相反，业务能力较差的领队，由于其工作失误，不仅不能弥补其他环节的不足，反而有可能成为服务投诉的导火索，使一些本来可以不发生的投诉不断扩大，甚至难以收场。

降低或者避免出境旅游纠纷，固然取决于游客理性消费、理性维权意识的不断提高，也取决于管理部门对旅游理性消费的引导，营造和谐的旅游环境。但更为重要的是，出境游组团社必须建立健全各项管理制度，制定规范实用的服务流程，加强对从业人员法律意识和服务意识的培训，并使之贯穿于服务全过程，从而确保从业人员真正提高服务技能和诚信意识，按照合同约定为广大游客提供服务。

案例是一种经验的积累，也是一种教训的积累。成功的案例可以作为好的经验来总结、推广、举一反三；而反面的案例则可以作为一种教训给他人以借鉴。在领队的上岗培训及年审教学中，如能结合教材选择典型恰当的案例，无疑会使教材中的深奥理论通俗化，抽象的概念具体化。这对于提高领队人员的操作能力、实践能力及解决突发事件的能力，都是不可或缺的资源。

目前许多领队服务案例的教材，主要从业务技巧和服务意识入手对案例进行评析，而从法律层面对服务纠纷进行论述的则较少，这不能不说是领队案例教材的遗憾。基于此，本案例教材在讲解服务技巧的同时，更加注重从法律关系层面上解析出境游服务纠纷，从诚信服务、安全旅游、规范服务、修养和素质五方面入手，精选了领队服务中曾经出现的服务纠纷和问题，并提出解决问题的方法，旨在使领队及旅行社相关从业人员在业务操作中吸取经验和教训，进一步提高领队的法律意识和处理纠纷的能力。

本案例书自2008年出版以来，受到旅行社业界特别是领队的欢迎，对提升领队处理纠纷的能力有较为积极的影响，已经成为多省市领队培训不可或缺的教材。2009年以来，我国旅游立法步伐不断加快，《旅行社条例》和《最高人民法院关于审理旅游纠纷案件适用法律若干问题的规定》的颁布实施，促成了对于本书的第一次修订。2013年《旅游法》的颁布实施，对于旅游法律建设具有划时代的意义。鉴于旅游法律的不断修订和完善，旅游纠纷呈现出新的特点，有必要对本书进行再一次的修订，丰富和充实原书的内容。

本次修订主要包括两方面：一方面，按照《旅游法》的规定，调整法条的适用，增加新的法律规定内容，确保法律适用的准确性；另一方面，增加了17篇和《旅游法》及文明旅游、旅游购物与自费项目直接相关的案例，删减了3篇与购物及自费项目相关的案例，案例数量由原来的93个增加到了108个：其中，"文明修养篇"增加了2篇，"诚信服务篇"增加了2篇，"工作规范篇"增加了10篇，"旅游安全篇"增加了1篇。

在本书编写过程中，我们得到了浙江省中国旅行社总经理陈岩、杭州市中国旅行社出境旅游中心董事长朱光明和优秀领队胡晓洁、周列的帮助，他们为案例的编写提供了许多典型素材，谨在此一并表示感谢。

编 者

目 录

文明修养篇 /1

- 01 领队是出境旅游团的灵魂 /3
- 02 旅行社是文明旅游的推动者 /5
- 03 游客是文明旅游的践行者 /7
- 04 游客在酒店客房吸烟被罚 /9
- 05 出境游领队C先生在自助餐厅受到主管的"忠告" /11
- 06 他为什么在机场被警察带走 /12
- 07 他在美联航班上险些被逮捕 /13
- 08 聪明反被聪明误——擅自改动签注日期,受罚 /15
- 09 拍打空姐帽子上的苍蝇犯下大忌 /16
- 10 游客向泰国空姐泼水事件责任分析 /17
- 11 中国旅行团在泰国普吉岛掠影 /19
- 12 "上帝"就可以打人吗 /21
- 13 塞班的警察为什么要上旅游车抓人 /22
- 14 餐厅的主管为什么冲着中国游客发火 /24

诚信服务篇 /27

- 15 何女士为什么被泰国移民局拒绝入境 /29
- 16 旅行社(领队)欺诈的法律后果 /30
- 17 领队在销售中如何履行告知义务(一) /31
- 18 领队在销售中如何履行告知义务(二) /33
- 19 领队在销售中如何履行告知义务(三) /34
- 20 领队在销售中如何履行告知义务(四) /35
- 21 领队在销售中如何履行告知义务(五) /36
- 22 领队在销售中如何履行告知义务(六) /38
- 23 领队的承诺等同于旅行社的承诺 /39

24 领队在销售和服务中不可随意承诺(一) / 40
25 领队在销售和服务中不可随意承诺(二) / 41
26 领队在销售和服务中不可随意承诺(三) / 43
27 领队在销售和服务中不可随意承诺(四) / 44
28 领队在销售和服务中不可随意承诺(五) / 45
29 领队在销售和服务中不可随意承诺(六) / 46
30 旅游价格是否必须完全相同 / 48
31 旅行社为领队工作失误赔偿 / 49
32 游客生病滞留境外费用该由谁承担? / 50
33 游客要求误工费赔偿是否合理? / 51

职业素养篇 / 55

34 航班晚点,慢待乘客,激怒领队,她勇敢地与某航空公司"较劲" / 57
35 领队带团通过安检为什么受阻 / 59
36 从客人托运的行李丢失事件看领队的业务能力 / 60
37 细心的领队,关键时刻拿起投诉的武器,一举获胜 / 62
38 客人理性维权,旅行社违约赔款 / 64
39 幽默"幽"出了投诉 / 65
40 领队要求旅行社退货是否合理 / 67
41 领队不可随意处置游客的财产 / 68
42 领队的服务不得违反法律规定 / 69
43 领队是否可以扣压游客的证件 / 71
44 领队应当认真核对游客的证件 / 72
45 领队的职责是"补台"而不是"拆台" / 73
46 领队的"补台"难以掩盖旅行社的不足 / 74
47 领队应当制止游客参加黄色节目 / 76
48 领队在提供服务中的自我保护 / 77
49 女领队遭遇性骚扰 / 78
50 放弃的权利不得要求赔偿 / 81
51 出境游小费纠纷的处理 / 82
52 领队必须正确理解自己的权利和义务 / 83

53 领队应如何应对不可抗力 / 86
54 不可抗力发生后领队必须履行协助义务 / 87
55 领队及时取证确保旅行社胜诉 / 89

工作规范篇 / 91

56 扩大的损失不得要求赔偿 / 93
57 直飞改中转,游客是否有理由拒绝登机? / 94
58 游客的过失不能减轻旅行社的责任 / 96
59 定金和预付款具有不同的法律后果 / 97
60 违约责任承担的法与情 / 98
61 旅行社如何向游客收取违约金 / 100
62 领队与游客拼住客房的纠纷 / 101
63 旅行社是否可以拒绝游客参游 / 102
64 特殊群体收费纠纷的解决 / 103
65 旅游合同转让中存在的纠纷 / 105
66 旅行社约定饭店标准时存在的问题 / 107
67 豪华游广告引起的纠纷 / 108
68 违约责任承担是否包含精神损害赔偿 / 110
69 旅行社代办合同责任如何承担 / 111
70 旅行社对供应商控制不力的后果 / 113
71 旅行社应为供应商的过错承担责任 / 114
72 出境游保证金管理中的问题 / 115
73 领队不得随意调整行程 / 117
74 如何开好行前说明会 / 119
75 游客提出减少景点时的处理 / 120
76 漏游旅游景点的严重后果 / 121
77 出团前游客取消行程 领队应如何应对 / 122
78 旅途中游客要求解除合同 领队应如何应对 / 124
79 游客"出境游补出境游"的要求是否合理? / 125
80 如何全面准确地理解《旅游法》第三十五条规定? / 126
81 为什么说《旅游法》没有禁止旅游购物和自费? / 129
82 为什么旅游购物和自费项目不能纳入旅游行程单中? / 131

83 旅游者在行程中购物都应由旅行社负责吗？ / 133
84 为什么协商好的自费项目被取消后,旅行社
仍然需要承担责任？ / 134
85 商品质量低劣 应当由谁承担举证责任？ / 138
86 商品价格高是否可以成为旅游者退货的理由？ / 139
87 旅游者认为强迫消费,为什么需要旅行社
承担举证责任？ / 141
88 旅游者无条件退货真的无条件吗？ / 143
89 为什么旅行社举证以书面形式最为合适？ / 144
90 自费项目变更领队该做些什么 / 146
91 面对天气变化领队应有所作为 / 147
92 迟延履行不能免除民事责任 / 149

旅游安全篇 / 151

93 海啸袭来 率团机智避险创奇迹 / 153
94 10岁小女孩的脚趾被电梯夹住之后 / 156
95 她的机智使团队的处境转危为安 / 158
96 领队如何履行安全保障义务 / 160
97 领队的保管义务应当如何履行 / 163
98 为游客代管行李物品时领队的告知义务 / 164
99 游客护照在境外遗失,责任由谁来承担？ / 165
100 游客随身携带物品遗失的责任承担 / 167
101 游客受到人身伤害后领队应如何应对(一) / 168
102 游客受到人身伤害后领队应如何应对(二) / 170
103 游客受到人身伤害后领队应如何应对(三) / 171
104 游客受到人身伤害后领队应如何应对(四) / 172
105 游客受到人身伤害后领队应如何应对(五) / 173
106 游客受到人身伤害后领队应如何应对(六) / 175
107 游客受到人身伤害后领队应如何应对(七) / 176
108 游客受到人身伤害后领队应如何应对(八) / 177

文明修养篇

出境游客作为一个特殊的、短时间的伦理主体,在旅游活动中会接触到不同肤色、种族、宗教、文化等各种人群,并观察他(她)们的举止行为、穿着打扮和一些饶有兴趣的习惯。归纳起来,游客在整个出境旅游活动中,直接接触的人群主要来自三个方面:1.旅游目的地国家的人群;2.旅行团内的成员;3.旅游服务人员(导游员以及酒店、景区、机场等的服务人员)。在国际生态旅游协会(TIES)制定的《游客伦理规范》中,第一条就是要求游客"应当怀着谦逊和真诚的愿望更好地去认识你所访问国家的人民,敏感地意识到他们的信仰、习俗,从而防止可能发生的冒犯行为或失礼"。中国游客在出境旅游过程中,普遍存在"在公共场合大声喧哗、不排队、不讲礼貌、有不良的卫生习惯"等现象,在国际上产生了极其不好的影响。对出境旅游的人群进行文明礼貌方面的教育指导,旅行社及其领队人员更是责无旁贷。

什么样的领队,就能带出什么样的旅游团队。在出境游活动中,领队既是游客,又是协调组织团队的服务者,可以说具有双重身份。领队除了应当照顾游客的吃住行游购娱外,同时也有责任和义务引导和规范团内游客的行为,督促其遵守当地的法律法规,尊重目的地国家或地区人民的风俗习惯和宗教信仰,并时刻提醒他们注意自身的举止修养。这是因为,一方面可以尽量避免游客触犯当地的法律法规和禁忌,引起麻烦;另一方面,旅游团队作为民间文化交流使者,担负着维护和提升自己国家和人民形象的义务,在异国他乡注意和规范自身的言行举止是最基本的要求。

本篇提供了一些涉及游客在出境旅游过程中,由于行为举止不当、素质不高而引发摩擦或纠纷的典型案例。其宗旨在于让领队通过对这些案例的学习和了解,在带队过程中尽量避免类似的情形发生在自己及团内游客身上。

01 领队是出境旅游团的灵魂

▶ 案例

赵先生全家共五人参加了某出境旅游团。该团领队由于是第一次带团出境,没有经验,有一位游客的护照照片出错也没有及时发现,导致该游客被滞留机场未能顺利出行;到达旅游目的地机场后,由于该领队不熟悉机场布局,无法将旅游团带出机场,所幸赵先生多次往来该机场,在赵先生的协助下,旅游团才得顺利出机场。在行前会上,领队也只是简单介绍了目的地国家的情况,要求大家注意安全,但缺乏具体的实质性内容。在旅游行程中,该领队几乎不和游客交流,对于游客的咨询,他全都推给地陪,在旅游车上自顾睡觉,或者听 MP3,自娱自乐;在景点时则表现出极大的热情,和游客一起玩得欢,甚至经常超出地陪要求集合的时间;在行程中地陪向游客推荐黄色节目也不加以制止;虽然有领队证,但英语表达能力差,完全依赖地陪的服务;有一位游客在酒店洗手间不小心滑倒摔伤,领队也不闻不问,导致事后游客回国后向旅行社投诉。

赵先生戏称,这是一次自助旅游,而非参加旅游团的旅游,领队没有履行领队的职责,而更像是游客。该领队者辩解说,找不到机场出口仅仅是因为第一次出国,对机场不熟悉造成的;领队的作用主要是帮助游客出入境,为游客提供服务的主要应当是地陪,而且地陪的确为旅游团解决了许多难题,游客也是认可地陪的服务。由此看来,这位领队似乎对自己的表现还是相当满意。

评析

在出境旅游中,领队的作用举足轻重。一个称职的领队,不仅可以为游客提供较好的服务,而且可以及时发现问题,扭转被动局面,化干戈为玉帛,把旅游纠纷消化在旅游途中;而一个不合格的领队,由于其服务态度、技巧、技能的原因,可以把一个原本和谐相处的团队弄得一团糟,甚至是激化矛盾,把旅途中的矛盾带回组团旅行社。本案例中集中反映了一个问题,就是领队认真履行法律法规和服务标准职责,是维护游客和旅行社、领队自身利益的重要保障。根据我国旅游法规和旅游服务标准的规定,领队的职责主要包括:

1.《旅行社条例》规定,旅行社对可能危及旅游者人身、财产安全的事

出境旅游领队工作案例解析

项,应当向旅游者作出真实的说明和明确的警示,并采取防止危害发生的必要措施。发生危及旅游者人身安全的情形的,旅行社及其委派的导游人员、领队人员应当采取必要的处置措施并及时报告旅游行政管理部门;在境外发生的,还应当及时报告中华人民共和国驻该国使领馆、相关驻外机构、当地警方。

《最高人民法院关于审理旅游纠纷案件适用法律若干问题的规定》规定,旅游经营者、旅游辅助服务者对可能危及旅游者人身、财产安全的旅游项目未履行告知、警示义务,造成旅游者人身损害、财产损失,旅游者请求旅游经营者、旅游辅助服务者承担责任的,人民法院应予支持。

在该规定中,既是对组团旅行社的要求,也是对领队的明确要求。因为在旅游行程中,对游客的警示和说明,主要依赖领队和地陪,如游客在托运行李时,领队应当告知游客,不要将贵重物品夹带在行李中托运;在旅游入住客房时,警示游客注意关好门窗,使用卫浴设备时注意安全;自由活动时应当结伴而行,参加自费项目时量力而行等。这些都是法律赋予领队的法定职责,不认真履行就可能导致纠纷的发生。

2. 根据《出境旅游领队人员管理办法》的规定,领队的职责主要包括:(1)遵守《中国公民出国旅游管理办法》中的有关规定,维护游客的合法权益;(2)协同接待社实施旅游行程计划,协助处理旅游行程中的突发事件、纠纷及其他问题;(3)为游客提供旅游行程服务;(4)自觉维护国家利益和民族尊严,并提醒游客抵制任何有损国家利益和民族尊严的言行。

在该规定中,总的要求是领队必须维护游客利益和国家利益。维护游客的利益包括提供服务、督促旅游合同的实施、协助处理突发事件、制止境外地陪强迫游客消费、擅自变更合同、领队在游客购物时不作为等内容。旅游纠纷往往产生于这些环节,领队被游客所诟病的也主要是这些环节。

3.《旅行社出境旅游服务质量》规定,领队接收计调人员移交的出境旅游团队资料时应认真核对查验;领队应具备一定的英语或目的地国家/地区语言的能力;领队应按合同的约定完成旅游行程计划,督促接待社及其导游员按约定履行旅游合同;应自始至终参与旅游团(者)全旅程的活动,负责旅游团(者)移动中各环节的衔接,监督接待计划的实施,协调地陪、司机等旅游接待人员的协作关系。

标准和法规的不同之处在于,法规具有强制性,而标准虽然不具有强制性,但却明确了领队的服务流程和规范,对于服务质量的改善和提高至关重要,只要领队不按照标准服务,其结果就是服务脱节,游客的权益受损,引发纠纷,组团旅行社和领队赔偿游客损失。

对照上述法规和标准,结合本案例及现实中出境旅行社服务纠纷实际,目前国内领队在服务中主要存在以下几个方面的问题:

第一,领队不能认真履行工作职责。法律法规明确规定,领队不能向游客推荐色情服务,也必须制止地陪向游客推荐色情服务,而在本案例中,虽然领队不推荐,但对于地陪的推荐行为不仅不制止,而且还起到了推波助澜的作用;地陪变相强迫游客参加自费项目时,领队事不关己高高挂起,显得十分超脱。

第二,领队的业务素质不能满足游客的需求。领队证只是考试合格的标志,是领队合法身份的象征,但并不意味着该领队就真正合格。领队是否称职,应当由实践来判断,应当由游客来评价,案例中的领队虽然有领队证,但其服务能力显然不符合要求。其外语水平很低,离开地陪的服务寸步难行,在境外为游客提供只能依赖地陪。

第三,领队不能维护游客的权益。在旅游期间,游客权益的保障,固然依赖游客与组团旅行社的合同约定,更为重要的,约定的权利义务必须得到全面的履行。在现实中,有些游客回国后投诉领队和境外商场或者地陪暗地联合,损害游客权益。

第四,领队随意承诺游客。当旅游团出现一些意外事件后,领队为了暂时平息事态,不论游客提出什么要求,往往会随意承诺游客,如答应游客团队行程结束后立即处理,或者承诺游客保证一个月内解决问题,而事后却并不能兑现承诺。当游客要求领队或者组团旅行社兑现承诺时,领队采取拖延或者避而不见的方式,躲避游客的追究。

第五,领队善后处理不到位。在旅游途中或者行程结束后,游客有时会为了商品质量或者其他问题寻求领队的帮助,由于领队一年四季都在境外带团工作等原因,没能及时将游客的投诉请求报告给旅行社负责人,直接影响了游客维权进程,甚至错过了游客维权的最好时机。有些领队则一味指责游客,而不自我反省,导致矛盾的进一步激化。

02 旅行社是文明旅游的推动者

》案例

游客罗女士第一次参加出境旅游,对于旅游目的地的基本情况不了解,出团前也没有时间参加行前会,在旅游行程中出了数次洋相,被同团游客和领队嘲笑,使得她尴尬异常:第一次,早餐吃完自助餐,她怕等会儿肚子饿,随手拿了两个鸡蛋,走出餐厅时被服务生拦下;第二次,在酒店大堂大声说话,结果引来许多游客的侧目。这些经历破坏了她的旅游心情,本是想放松心境,却徒增烦恼。在途中已经向领队抱怨过,领队不仅不安慰她,反而认为她缺乏常识,自取其辱。罗女士知道自己的遭遇确实是由于自己不懂,但她也很想知道:难道领队就没有一点儿责任吗?

评析

从旅游企业,特别是从旅行社层面看,对于文明旅游有许多工作要做,主要体现在引导游客、以身作则和劝阻游客等方面。

(1)旅行社要引导游客文明旅游。

首先是旅行社在门市收客阶段,门市工作人员要向游客介绍旅游行程、旅游目的地的法律、风俗、文化,让游客在报名参团时对旅游目的地有初步的印象。其次是在团队出团前,尤其是出境旅游团,旅行社应当召开行前会,详细告知旅游行程中的注意事项,引起游客的注意。再次,也是最为重要的一点,就是旅游行程中,导游领队要随着团队的进程,随时随地积极引导游客文明旅游。

导游领队在引导过程中,要树立几个基本观念和原则:

第一,文明是相对的,没有所谓绝对的文明。我国游客有些行为在居住地习以为常,是习惯,换一个地方才属于所谓的不文明。在这种情况下,要尊重游客的习惯,但要提醒他,这种习惯没有对与错的问题,但在旅游目的地继续这样的行为就不合适,难以为旅游目的地居民接受。所以,游客在旅游期间需要调整和改变自己的行为举止,否则就容易被旅游目的地居民认为不文明。

第二,不要以生活常识为由,拒绝引导游客文明行为。导游领队,特别是具有丰富带团经历的导游领队,不能从自己的角度出发,而是要站在初次参团的游客角度出发,考虑如何引导游客。显然,如果能够以这个角度切入,去引导游客的文明旅游,一定能够受到游客的欢迎,也可以减少类似案例中出现的问题。

第三,导游领队的表达方式很重要。导游领队不要以西方文明的标准、或者以城市文明的标准,对游客的行为指手画脚,说三道四,不要轻易批评游客不文明,而是要以诚恳的态度、友好的方式、委婉的语态提醒游客,在旅游目的地的言行举止应当和旅游目的地的习俗一致,否则会被认为行为不文明。

(2)导游领队要以身作则。在为游客做引导服务工作的同时,导游领队最为重要且必须做到的是,以身作则,身体力行。即,导游领队自己的行为要文明,以自己的文明行为引导和影响游客的行为。导游领队切忌一方面要求旅游团游客文明旅游,另一方面自己的言语、行为、服务都不文明。比如要求游客遵守旅游目的地的习惯,自己却在公共场所吸烟、随地吐痰。这样的导游领队是一个不合格的服务人员,给游客树立了一个反面的示范。

(3)导游领队要劝阻游客不文明行为。面对不文明旅游的游客,除了事先的引导之外,在第一时间劝阻游客,是导游领队应尽的义务,也是导游领队唯一有效的办法。当然,导游领队劝阻游客时一定要注意方式,一定要让游客能够心平气和地接受,而不是教训、指责、训斥或者嘲笑游客。如果采取这样的方式方法,即使导游领队的出发点没有错,但效果一定是适得其反,引起游客对导游领队的反感,给顺利带团增加变数。

总之,罗女士在旅游行程中的遭遇,和罗女士没有参加行前会,没有在出团前学些旅游目的地相关知识有关,但领队没有及时引导和告知,存在一定的过失,且和其他游客一起嘲笑罗女士,更是不应该。

03 游客是文明旅游的践行者

》案例

据报道,泰国一名模特在韩国济洲机场排队等候退税时,来自各个国家的人都有秩序地排队。但突然有大群中国内地游客涌现,队伍随即被破坏,她更被挤到后面位置,其间被内地游客踩脚和拉扯头发。她之后以目击者身份拍片,批评内地游客没教养。经过网络转发,在网民中引起强烈的共鸣。

评析

这是出境旅游中有关游客文明的一个案例。文明旅游是一个系统工程，需要政府及相关部门、旅游企业和游客的共同参与和努力，缺一不可。我们先来看看有关游客文明旅游的法律规定。

《旅游法》规定，游客在旅游活动中应当遵守社会公共秩序和社会公德，尊重当地的风俗习惯、文化传统和宗教信仰，爱护旅游资源，保护生态环境，遵守旅游文明行为规范。

《旅游法》规定，游客在旅游活动中或者在解决纠纷时，不得损害当地居民的合法权益，不得干扰他人的旅游活动，不得损害旅游经营者和旅游从业人员的合法权益。

基于旅游法相关规定，要引导游客树立如下方面的意识：

(1) 游客需要调整团队旅游理念。游客参加团队旅游时交纳旅游团款是游客最为基本的义务。除此之外，游客还有很多须配合的义务，如按照导游领队的要求前往景区游览等。游客普遍存在一错误的观念，就是只要交了旅游团款，游客就可以按照自己的主观愿望为所欲为，游客怎么做都有理，都不过分，这是对游客权利含义的误解。事实上，游客参加团队旅游，需要受到许多因素的制约，调整好观念，才能为旅游活动做好准备。

(2) 游客需要不断学习了解目的地的相关知识。对游客而言，旅游目的地的民俗风情是陌生的，旅游目的地的法律法规是陌生的，旅游业的行业惯例是陌生的，尽管现在游客可以通过互联网了解旅游目的地的情况，但毕竟旅游目的地是个陌生的地方。因此，为了旅游活动能够顺利开展，游客必须加强学习，通过网络及旅行社和导游领队的告知内容来学习。如果游客不强化旅游目的地有关知识的学习，就可能给游客带来意想不到的伤害。

(3) 游客言行要符合旅游目的地的规范。游客很多言行，在居住地习以为常，见惯不怪，也许不涉及是否文明的话题，但到了旅游目的地，由于文化背景不同，有些行为在旅游目的地居民看来是无法容忍的，比如国人在公共场所大声讲话，在有些国家就被认为是不文明。这种现象说明，有很多时候不存在对与错，而是是否与当地习惯相吻合的问题。因此，游客要牢记一条，入乡随俗，到什么山上唱什么歌，这是文明旅游必须遵守的最基本的原则。

总之，游客不仅可以成为文明旅游的践行者，而且也应当成为文明旅游的践行者。

04 游客在酒店客房吸烟被罚

▶ 案例

游客投诉旅行社未提醒其酒店客房不可吸烟,他在巴厘岛酒店客房抽烟后被酒店罚款 968 美元,游客要求旅行社承担罚款。旅行社则认为:游客入住酒店时,中文管家请游客签署了一份入住申请表,并口头告知游客客房不能吸烟;但游客怀着侥幸的心理在酒店客房吸烟,后来被服务生发现,退房时被酒店罚款;此种情况应当由游客自己承担责任,和旅行社无关。

评析

该纠纷又涉及文明旅游这个话题。首先来看看我国法律对于文明旅游的相关规定:

《民法通则》规定,十八周岁以上的公民是成年人,具有完全民事行为能力,可以独立进行民事活动,是完全民事行为能力人。

《旅游法》规定,旅游者在旅游活动中应当遵守社会公共秩序和社会公德,尊重当地的风俗习惯、文化传统和宗教信仰,爱护旅游资源,保护生态环境,遵守旅游文明行为规范。

《旅游法》还规定,导游和领队从事业务活动,应当向游客告知和解释旅游文明行为规范,引导游客健康、文明旅游,劝阻游客违反社会公德的行为。

《消费者权益保护法》规定,消费者享有获得有关消费和消费者权益保护方面的知识的权利。消费者应当努力掌握所需商品或者服务的知识和使用技能,正确使用商品,提高自我保护意识。

上述这些规定明确回答了有关文明旅游的几个问题,确定了文明旅游中各方当事人的责任义务。没有履行义务的当事人必须为此承担责任:

(1)游客的义务。根据上述法律的明确规定,游客在旅游活动中,也应当承担相应的法律责任。而在以往,相关部门对于游客的义务关注较少,甚至是视而不见,这就直接导致人们将旅游过程中游客发生不文明行为全部归咎于旅行社。事实上,在相关的法律规定中并非如此。

按照《民法通则》的规定，游客作为完全民事行为能力人，必须为自己的行为负责，即使游客本人是未成年人或者智力有障碍者，责任承担者应是他/她的监护人。至于年老体弱、不识字、没有文化、不知道、没注意、疲劳、醉酒等，都不能成为逃避责任承担的借口。

按照《消费者权益保护法》的规定，消费者应当努力掌握所需商品或者服务的知识和使用技能，正确使用商品，提高自我保护意识。具体到旅游服务中，游客有了解掌握旅游目的地情况的义务，也就是在旅游服务中，如何更好地接受旅游企业的旅游、减少旅游纠纷的义务。其中自然包括对于文明细节的熟知，诸如何处可以吸烟、是否可以随地吐痰、是否禁止大声喧哗等。

(2) 旅游经营者的义务。旅游经营者包括旅行社、导游领队、地接社和履行辅助人，所有这些单位和人员履行的义务，都属于旅行社履行的义务。在文明旅游服务中，旅游经营者最为重要的义务之一，就是事先的告知。也就是在旅游行程前和行程中，将文明旅游的注意事项明确告知游客，希望游客举止言行符合文明规范。告知包括书面形式和口头形式，以书面形式为好，因为便于举证。

在上述案例中，究竟由旅行社还是游客本人承担986美元的损失，应当具体情况具体分析，根据不同情况设定几种责任承担的方式。

首先，如果旅行社能够证明自己已经履行了告知义务，比如酒店中文管家的确已经口头告知游客，客房内禁止吸烟，或者在入住申请表中也有中文明确告知，应当认为旅行社已经履行了告知义务，旅行社就不应当为游客承担损失，游客要为自己的行为承担责任。关键的问题是，旅行社是否能够举证酒店已经履行了告知义务。

其次，如果旅行社不能够证明已经履行了告知义务，或者的确没有履行告知义务，在此情况下，旅行社当然应当承担责任，但游客所必须承担的责任仍然不能被免除。理由就是虽然游客是消费者，但也是完全民事行为能力人，必须努力学习旅游目的地的知识，不能把责任都推给旅行社。笔者认为，应当由旅行社和游客各自承担百分之五十的责任，或者旅行社承担百分之六十的责任。

再次，如果游客是第一次参加出境旅游，对旅游很是陌生，旅行社又没有履行告知义务，旅行社必须承担主要责任；如果游客是经常参加出境旅游，可以推定游客对于境外的规范更为熟悉，即使旅行社没有告知，游客个人必须承担主要责任，因为游客的行为为明知故犯，和旅行社是否履行告知义务没有关联性。

另外，在出境旅游中，有关旅行社文明旅游的告知内容尚没有明确的规定。

在为游客提供服务时,旅行社需要告知哪些内容才符合规定,或者说可以免责,还没有明确的界定,这是旅行社面临的难题。旅行社可以把境外旅游目的地的明确禁止行为、且和游客利益密切相关的规范作梳理,然后结合游客通常不文明的行为,归纳总结出来,以书面形式告知游客,并由导游领队在旅游行程中不断提醒。上述案例中在酒店客房吸烟,就是我国许多游客常习以为常的习惯,应当被纳入告知的范畴。

05 出境游领队C先生在自助餐厅受到主管的"忠告"

案例

某旅行团一行22人赴澳大利亚、新西兰旅游,在悉尼住三晚。最后一晚,被安排在悉尼Black Town火车站的一个大型自助餐厅用餐。在去餐厅的路上,领队又反复告知大家一些注意事项:要排队、不要插队取食、吃多少拿多少等。一进餐厅,环境幽雅、明亮,很多外国人就餐时谈话声音很低,在取餐处他们都很有礼貌地排队,不发出声音地用餐具挑选自己喜欢的食物。但是,这22人一进门就"哗"的一声开始热闹起来,拿起盘子不排队就到处乱走,一边旁若无人地大声聊天,一边"跳跃"式地在食品箱里用夹菜的钳子翻来翻去。

餐厅里用餐的外国人开始用惊讶的眼光看着他们,表示不理解,渐渐表露出讨厌甚至是愤怒的目光。片刻,一位主管人员找到领队C先生用恳求的语气对他说:"您能不能暂时停止用餐,去告诉您的客人们,讲话声音轻一些,拿到盘子后请务必排队,不要乱走,否则,其他客人会投诉,而且不会再来用餐。谢谢!"

评析

第一,国人习惯了圆桌用餐。吃自助餐时,有种恐慌感,唯恐某一道自认为可口的餐食别人拿光了就吃不到。而实际上,大型的自助餐厅,会根据用餐者的需求不断地添加食品托箱里的餐食,不会断档,大可不必产生某种恐慌感。

第二,自助餐,尤其是团队自助餐,一般比较随意,礼仪亦不是很严格。特别是接待中国旅游团的东南亚等国的自助餐厅,他们对中国游客用餐时的欠文明行为已经习以为常。

第三，国外的大型自助餐厅一般都秩序井然，在整个用餐过程中，客人可以根据自己的食量随时添加餐点，但要尽量吃掉自己拿取的食品，不要浪费。

第四，用餐过程中，如果再取食品，起身后先将餐巾搭在椅背上，表示客人还在用餐中，服务人员不会来清理，否则，如随便将餐巾放在桌上，会被误认为用餐完毕，服务人员会上来清理。

第五，用餐礼貌是一件极普通的事情，并无高深理论。一是养成习惯，时时顾及别人，二是用餐时，注意学习旅游目的地国家的"饮食文化"，可随时随地观察，就不会犯忌。

第六，为避免上述情况，领队事先应反复提醒，进餐厅后自己且慢用餐，先引导客人，告知他们一些不熟悉的事情，如怎样取饮料，有些饮料容器怎样开关，有些食品该用什么作料搭配等。如果领队能够仔细负责，对许多第一次出国的人来说是大有帮助的。

06 他为什么在机场被警察带走

案例

2007年4月22日，某旅行团赴新、马、泰三国十日游。回程时乘坐国泰航空公司的航班，由新加坡飞香港，再由香港转机回内地某城市。在香港转机过安检时，经X光查出，旅行团中的一位B先生随身携带的旅行包中有两件飞机上的救生衣。安检官员问他："你的旅行包里有什么东西？"B先生摇摇头说："没什么东西，是自己穿的衣服。"安检官员责令他将旅行包打开，将身上的物件全部拿出来……检查的结果是，旅行包里除了有两件鲜艳的救生衣外，还有一些飞机上用的非一次性餐具、刀子、叉子以及乘客喝热饮料用的玻璃杯。安检官员立刻将B先生扣留并报警。两分钟不到，来了两名警察将他带走。当该团领队W小姐询问安检官员，这位B先生是否还能随团上机时，得到的回答是："这位乘客违反了法律，先拘留再经相关法院审判后才有结果。"

评析

第一，B先生的行为违反了国际民航运输的有关法律规定。民航飞机上的救生衣是保障每一位乘客安全的设施，任何个人和单位都不得占有和损坏。B先生的行为不仅仅是擅自占有了救生衣，更严重的是使其他乘客的生命受到了威胁，理应受到法律制裁。

第二，B先生擅自将飞机上非一次性餐具据为己有，实质上是一种侵权行为，损害了航空公司的合法权益，应当退还这些非一次性餐具。如果B先生仅仅携带了一次性餐具，则另当别论。

第三，组团旅行社和领队有事先提醒义务。组团旅行社和领队在组团前会召开行前说明会，其中最为重要的任务之一，就是提醒游客在旅途中的注意事项，包括如何安全出行、如何文明出行、如何遵守法律法规等。上述案例中出现的情况，如果行前会没有提醒，旅行社和领队应当为此承担一定的责任；如果行前会已经明确告知游客，B先生应为其违法行为承担全部责任。

第四，文明旅游任重而道远。中华民族具有悠久的历史和灿烂的文化，游客的行为往往成为中华民族文明礼貌的象征和缩影。目前，国家旅游局和全国文明办正在大力提倡文明出游活动，要想该活动真正落实到每一位游客的行动中，在依赖全体游客文明素质提高的同时，有关管理部门、旅游企业及从业人员应责无旁贷地担当起文明旅游的宣传者和实践者，共同努力推进文明游活动。

07 他在美联航班上险些被逮捕

案例

2004年5月从旧金山飞往上海的航班普通仓中，大约有三四个中国旅游团。一位资深的领队在十几个小时的飞行中，亲眼目睹了美国的空中服务人员对中国乘客的态度所发生的变化，令人尴尬。

上午10点（当地时间）起飞后不到一个小时，飞机上开始供应午餐和饮料。空姐们热情地为每一位乘客提供咖啡、各种果汁、啤酒等。午餐过后，机上的广播员开始用中、日、英三种语言向乘客推荐飞机上的免税商品，几分钟后，装着各种免税商品的车子推进机舱的过道，几位空姐面带微笑，将询问的眼神投向乘客们,机舱前部的外国乘客只是用欣赏的眼光看了一下化妆品和各种饰品,几乎无人购买。当车子推向机舱后部的中国乘客面前时,大家都争着购买。顿时,几位空姐兴奋异常,殷勤地帮助中国乘客选购,真是不厌其烦,嘴上不停地说"Thank you"、"Thank you"。片刻车子上的各种商品被中国乘客们一扫而光。几位空中小姐几乎用小跑的速度到后舱取物。一些外国乘客们亦向这些慷慨解囊、热情捧场的中国乘客们投以友好、羡慕的眼光。

当地时间下午3点左右,空姐们又一次为乘客们提供各种饮料之后,机舱里的乘客们有的进入休息状态,有的看电视、听音乐等,都开始安静下来。此时,一名40岁左右的中国男子从洗手间走出来,随着飘出一股淡淡的香烟味。几乎是同时,一位高个子的美国机上服务人员,看样子像是主管,大声地向正往前走的那位中国男士喊:"Stop!Stop!"并用手抓住他的肩迫使他停下来,同时又大声地问周围的人:"对不起,在座的中国乘客们,有人会讲英语吗?"一位领队马上回答:"我会讲英语,我是领队,需要帮助吗?"高个子美国服务人员说:"请您问这位先生刚才是不是在洗手间里抽烟?如果是他,待航班抵达目的地时,他将被逮捕!"这位资深的领队很平静地问那位看样子已经很紧张的中年男士:"你在洗手间里抽过烟吗?如果你没有抽烟,你进去的时候是否闻到了烟味?如果你闻到过,那就应该不是你抽的烟,否则,你就要惹大麻烦了……"领队又将这几句话重复了一遍,那位惊讶的男士显然已领会到领队是想帮助他摆脱尴尬的处境,就顺着他的意思说:"我没抽烟,我进去的时候就闻到烟味……"那位美国机上服务人员,听完领队的翻译之后,极不情愿地走了。此时,周围绷紧了神经的那些中国游客,终于放下心来。

评析

第一,全球绝大部分的航空公司都有禁止乘客在机上吸烟的规定,违反者重罚。尤其是美国自"9·11"之后更加严格禁止机上吸烟。

第二,依据中国法律法规的规定,游客在出境旅游活动中应当遵守旅游目的地国家(地区)的法律,尊重当地的民族风俗习惯,不得有损害两国友好关系的行为;应当自尊、自重、自爱,维护祖国和中国公民的尊严和形象,不得有损害国格、人格的行为。该游客显然违反了上述两项。

第三,自告奋勇担任翻译的那位领队,处理此种突发事件沉着、冷静,机智且不露声色地使当事人躲过了重罚,同时,为中国游客挽回了面子。

第四,法律法规意识淡薄,有法不守,有规不执行似已成为自然,这是中国游客出国旅游遭遇麻烦的重要原因之一。

08 聪明反被聪明误——擅自改动签注日期，受罚

案例

2005年7月，S女士听说香港正在召开一年一度的"购物节"，便约了好友一同前往，并在某地的机票代理点预订了7月27日飞往香港的机票。但就在临行前，她发现自己的"往来港澳通行证"因为多次签注，已于7月21日到期了。但机票已订且不能改签，公司内的事务也已安排妥当，去公安局办理新的签注又来不及了，怎么办？情急之下，S女士竟想出了一条"锦囊妙计"：她找来一支黑墨水钢笔，把过期的香港签注"2005年7月21日前进入有效"中的"21"添上一笔，改成了"27"。这样一来，进入香港的有效日期看上去就变成了"7月27日"了。

7月27日，S女士拿着经其涂改的"往来港澳通行证"，想乘出境人多时蒙混过关，但是最终还是被边防站的警官以"涉嫌偷渡香港"为由，阻止其出境。

评析

首先，S女士更改签注的行为违法。不论签证还是签注，均为旅游目的地国家或地区给予入境游客的政府许可，只有游客事前申请并取得签证或者签注，游客才可以前往该旅游目的地旅游，或者从事其他事务。因此，游客必须在签证或者签注期限内，通过合法的渠道前往旅游目的地。S女士明知签注已经过期，自作聪明，一意孤行，违反了目的地地区的法律规定，自然应受到该地区法律的制裁。

其次，游客个人必须妥善管理证件。目前，有少数服务投诉就是因为游客没有妥善保管证件引起的，如游客提供的护照已经过期，或者有效期在半年内，小则延误出国旅游期限，使游客和组团旅行社遭受经济损失；大则引起法律纠纷，游客和组团旅行社受到行政乃至刑事处罚，给双方造成不良的后果和影响。

再次，旅行社应对游客证件进行核对。根据出境游组团旅行社操作规程，旅行社服务人员接收游客的相关资料和证件后，必须进行仔细的核对和审查，确保接收的所有资料准确无误，减少服务纠纷的发生。

09 拍打空姐帽子上的苍蝇犯下大忌

案例

2004年7月，某社旅行团一行25人，赴文莱、沙巴四晚五日游。7月5日上午，该团结束了在马来西亚沙巴的行程，乘坐文莱航空公司的航班飞往文莱旅游。在航班起飞30分钟后，空姐开始向旅客们发放饮料和点心。当食品饮料车推至该团中一位中年男士身旁，一位头戴白色圆帽，漂亮的空姐蹲下身去拿点心盒时，那位中年男士看见空姐的帽子上有一只苍蝇，他二话没说，就用手去轻轻地拍打了那只苍蝇。突然间，这位空姐跳了起来，用当地的马来语"叽里呱啦"地说着什么，又放下推车跑回机舱尾部，向一位主管人员哭诉。后来，她又和主管一同来到中年男士面前，说了一番指责的话。此时，领队吴先生连忙走过来询问发生了什么事，中年男士把自己拍打空姐帽子上的苍蝇的事情讲了一下，领队马上用英语向空姐们道歉请求原谅，但她们依然是不依不饶。与此同时，又有一位空姐拿起了飞机上的电话在说着什么，从她脸上的表情，可以看出与此事有关。

团队下了飞机，过移民局时，一位移民局官员先放行其他团队和游客，在仔细地检查了全团护照之后，对领队说："飞机上发生的事情我们知道了，您还不够资格做一名领队，文莱欢迎你们来观光旅游，但下一次再来之前，请先让您的客人熟悉一下本国的历史、文化，避免发生类似不愉快的事情。"领队吴先生又一次进行了详细的解释和道歉。在移民官员做了笔录，领队签字后才放行。全团过关受阻近一个小时，出关后和地接社的导游员一见面，他就说此事旅行社已经知道了。

评析

第一，文莱是一个信奉伊斯兰教的富裕王国。当地人以头为至高无上，除父母，任何人不得拍打。

第二，当地的伊斯兰教徒人人都戴白色的圆顶帽，清真寺的阿訇更是用很长的白布盘在头上，以表示对真主的忠诚。

第三，如果自己戴的白帽子被碰、擦、拍或摸过，就得马上去清真寺"冲头"（淋浴），同时背诵《可兰经》，以此净身。

第四，此事件中，领队有不可推卸的责任。出团前自己应先熟悉文莱的宗教和习俗。

行前说明会上介绍旅游目的地国家的文化，是开会的重要内容之一，以便游客抵达旅游目的地游览时，做到入乡随俗。否则，像旅行团中的这位好心的中年男士，不知"俗"就很难做到"随"了。

10 游客向泰国空姐泼水事件责任分析

案例

2015年年初，有关中国游客在泰国返回国内的航班上向泰国空姐泼水事件被广泛关注。据报道，中国游客在乘坐该廉价航班时，前排的男乘客向空姐提出要开水，空姐以飞机刚起飞不便提供为由拒绝，男乘客就将果壳、食物等倒在过道上，然后乱踩，周围乘客纷纷劝阻。一名空姐送来开水，男乘客支付费用后，坚持要求以人民币找零并索要发票，并要求机长道歉。空姐离开后，同行的女乘客突然将开水泼在空姐身上。乘务长要求女乘客道歉，表示如果不道歉，飞机可能返航，女乘客拒绝道歉。突然女乘客用手敲击弦窗，声称要跳飞机，最后飞机返航。

评析

（1）廉价航空公司提供服务时收费属于惯例。

廉价航空公司提供的机上服务都要向乘客收费，是廉价航空服务的惯例。因此，该泰国航空公司向乘客收取开水的费用是合理的。这里面就涉及三个问题：第一，男乘客要求以人民币找零是否合理？回答是肯定的。既然空姐愿意收取人民币，理应找零为人民币，除非和乘客协商同意；第二，男乘客索要发票是否合理？回答也是肯定的。因为服务费用的支付和服务凭证的提供是对等行为；第三，旅行社是否有向团队游客告知廉价航空公司的服务特点？如果事先没有告知，旅行社的服务有瑕疵。

（2）这些乘客的行为不能被简单地认为属于不文明旅游行为。

所谓文明旅游，很大程度上属于游客的个人行为，对于社会和他人不产生较大的危害和损害，比如我们常说的大声喧哗、随地吐痰等，属于不文明行为范畴。但从媒体报道的情况看,这两位乘客的行为,特别是向空姐泼水和敲击舷窗等行为,属于侵权行为,甚至涉嫌触犯了危害公共安全罪。如果造成严重后果,不仅要承担民事赔偿责任,还可能被追究刑事责任。不文明行为和涉嫌违法犯罪存在明显的界限。

(3)航空公司的返航行为决定权在机长。

机长要为全体乘客的人身财产安全负责,如果机长认为乘客的行为危及飞行安全,当然可以决定是否返航和紧急迫降。当女乘客的行为被机长认定为会危及其他乘客的安全,返航也就理所当然。理论上说,航空公司还可以向乘客追究返航损失。不过从媒体报道上看,该航空公司暂时放弃了对乘客的追究,这对这两位乘客而言是好消息。

(4)旅行社如何告知游客文明旅游。按照《旅游法》第十三条和第四十一条的规定,游客有文明旅游的义务,旅行社及其从业人员有引导游客文明旅游的义务。游客文明旅游的义务,虽然有明确的规定,但很大程度上必须靠游客自觉履行,如果游客旅游行为不文明,对游客的约束往往停留在概念上,旅行社作为企业则是无可奈何。

旅行社的引导文明旅游,涉及几个问题:

第一,引导的范围和内容。旅行社引导游客文明旅游的范围和内容,主要局限于旅游目的地和客源地不同的宗教文化、风俗习惯和法律规定,引导的重点在于差异性和对游客可能的危害性。对于人所共知的、常识性的行为,无需再作解释和引导,因为游客是完全民事行为能力人,应当为自己的行为负责。比如上述案例中向空姐泼水行为,是一个正常思维下所不允许的行为。如果这样的行为都需要旅行社的引导和告知,过于加重了旅行社义务。

第二,引导的时段和期限。从游客上门或者来电咨询开始,到旅游行程结束,旅行社及其从业人员都有引导和告知的义务。在整个过程中,旅行社应当将旅游行程中所有和游客居住地不同之处告知游客,小到靠左边行走还是靠右边行走,大到宗教与法律,事无巨细,不厌其烦。

第三,引导的阶段和原则。引导重点包括两个阶段:第一个阶段,出团前的行前会,出境旅游必须召开行前会,向游客灌输出境旅游的注意事项,文明旅游当然是主要的组成部分;第二个阶段是领队(导游)在团队行程中的口头告知和引导。领队(导游)的提醒和引导,是旅行社引导文明旅游的重要举措。

第四,旅行社要注重书面证据的收集和保存。文明旅游的告知内容,应当以书面形式告知为好,将文明旅游告知纳入书面旅游合同中,向游客作出说明和解释,由游客签字确认为好,对于旅行社权益的保护有益无害。

（5）旅行社如何劝阻游客不文明行为。旅行社及其从业人员除了引导和告知文明旅游外,劝阻游客的不文明行为也是旅行社及其从业人员的法定义务。但这个劝阻义务必须限定在合理范围之内,旅行社是企业,旅行社承担的责任也是有限的,不能不问青红皂白,不问是非曲直,把所有责任归咎于旅行社没有劝阻。上述案例中,如果领队在场,或者已经发现游客和空姐发生了纠纷,领队不劝阻当然失职,但假如领队没有发现或者无法发现,而要求领队对游客的行为进行劝阻,履行劝阻义务,也属过于严苛,况且游客的行为已经超出了文明旅游的范畴。

11 中国旅行团在泰国普吉岛掠影

案例

某年1月29日(大年初一),领队N先生带一个31人组成的家庭旅行团赴泰国最南端的普吉岛去旅游。当天晚上乘MU2147航班,20点30分准时起飞,经过4小时50分钟的长途飞行,终于在北京时间1点30分(泰国时间24点30分)抵达普吉岛国际机场。一下飞机,只见等待过关的整个大厅里人满为患。N先生连忙让客人手拿护照及泰国出入境卡分散排队,等待入关。

掠影一:海关入境大厅男卫生间香烟味刺鼻

进入海关入境大厅后的男卫生间,这里简直成了吸烟室,而墙上分明显眼地贴着大红纸的禁烟标志。十几个中国人呼呼地"吞云吐雾",真像是冬天凌晨的大雾天。烟味刺眼刺鼻,最可恶的是居然有四五个中国旅客站在卫生间门外吸烟,好几个老外想进来方便,见此状回头就走。移民官员进来说"No smoking"也没用。卫生间门口的大红禁烟标志下用英文写着"吸烟者罚款2000泰铢"。移民官员做着无可奈何的表情,可能他们也相信中国的一句成语"寡不敌众"吧!

掠影二:不排队

春节期间,旅游团队多,不仅有中国内地的旅游团,还有中国香港和台湾地区以及韩国等地的旅游团。游客都排成一字,往后延伸,而中国旅游团则三四人一堆,往后延伸,同时还有很多人往里插队。排在中国游客后面的韩国游客,不停地说:"China,China!"

掠影三：小PP岛上垃圾遍地

团队终于来到了小PP岛情人沙滩，它以拍摄大明星莱昂纳多主演的电影《迷离沙滩》(The Beach)而闻名。领队N先生在沙滩上逛了一圈，只见外国团队绝大多数在情人沙滩的右边，中国团队全部在左边，真是阵线分明。外国游客离开时，把饮料罐等垃圾用塑料袋带走，更令人愉悦的是他们的孩子们有的甚至只有3至5岁，也拿小塑料袋，摇摇摆摆地走着，捡一些小垃圾，往袋里放……而中国的团队离开时，尽管领队导游员反复告知带走垃圾，仍然只有少数人带走自己扔下的垃圾，使得雪白、柔软、细腻的沙滩狼藉一片。

掠影四：中国人也开放了

领队N先生为了帮助客人看管贵重物品，所以躺在沙滩椅上没去游泳。一个个靓姐、靓妹穿着性感的比基尼在沙滩上穿梭，在蔚蓝的大海中戏水、欢笑。偶尔有一些中国的男性游客，可能没有游泳裤吧，穿着宽松的三角内裤也去游泳。一路走去时，居然暴露隐私处。哇！中国游客比老外还开放！

掠影五：珊瑚岛上抢沙滩椅

普吉岛的珊瑚岛上，不仅阳光、沙滩、海水美，还以玩各项水上活动著称，如海底漫步、香蕉船等。因为春节人特别多，岛上的沙滩椅数量有限，先来的团队有椅子坐，后来的团队都要等，N先生的团队等了30多分钟才轮到沙滩椅。一些外国旅游团没等到椅子就耐心地站在后边，或者干脆坐在沙滩上。N先生看管客人的衣物，并嘱咐客人每张椅子上放毛巾或救生衣，以免被其他团队的人拿走椅子。有一些站在N先生团队旁边的中国游客，因为没有躺椅而擅自把N先生团队客人的衣物拿开，将椅子拿走。N先生告诉他们，这些椅子是他的团队客人的，请他们稍等一下。这些中国游客根本不听，还骂人，后来因为抢躺椅差一点打起来。几个老外看着他们互相指着鼻子骂，默默地离去。

评析

本案例虽为掠影，却集中反映了我国公民不文明的旅游行为，具有一定的代表性和典型性。尽管中华民族是一个具有悠久历史和灿烂文化的民族，尽管大多数国人具有较高的文化素养，受到外国人的好评，但仍然有少数国民素质较差，且坐井观天，夜郎自大。国外某网站的调查结果是："中国游客形象排名全球倒数第三。"此调查结果的客观性和科学性值得探究，但从另一个侧面说明，我国游客文明出游问题应当引起重视。

组团旅行社和领队应做的，就是在出团前开好行前说明会，并且领队在旅游行程中应反复强调和提醒,向游客散发相关资料,提高游客的文明程度。文明出游已经引起了国家旅游局的高度重视,国家旅游局先后通过公布《中国公民国内旅游文明行为公约》《中国公民出国(境)旅游文明行为指南》,要求旅游管理部门和组团旅行社对出境游客进行文明旅游培训,来改善中国游客形象。通过管理部门和旅游企业的共同努力,我国公民定将做到文明出游。

12 "上帝"就可以打人吗

》案例

2005年5月5日,两个赴澳新旅游的中国旅游团同住在奥克兰的某酒店。一个团队一行22人,全为男士,来自北方的某城市,领队为女士,称M小姐;另一团来自浙江的某沿海城市,领队也是女士,称H小姐。因当时正值"五一"黄金周出境高峰,房间紧张,经商议,两个团的女领队同住一个房间。已经是晚上12点多了,来自北方的几位男士,仍坐在她们房间闲聊,纠缠不走。两位女领队白天随团活动一整天,照顾好每一位客人,已经很累了,来自浙江的领队H小姐,很有礼貌地以商量的口吻说:"太晚了,明天还要早起,你们是否可以回自己的房间?"话音刚落,只见一位男士(听说还是一位大领导)抬手就打了她两个耳光,五个大手指印印在H小姐红肿的脸上,她只是双手捂着脸哭泣,没出声。此时此景刚好被地陪K先生碰上,他二话未说,退出房间到走廊打开手机报警。5分钟不到,来了两位警察,通过地陪K先生翻译:"谁是打人的凶手? 在新西兰打人犯法,欺侮女士重罚。"其中一位警察转向还在哭泣的H小姐问她:"作为受害人,你可以申诉,有什么要求请讲吧,除了脸部,身体其他部位是否有伤,痛吗?"H小姐很委屈地、吞吞吐吐地把刚才发生的事情讲了一遍,在地陪K先生的协助下做了笔录。一位警察对H小姐说:"你们是游客,是暂时逗留人员,根据新西兰的相关法律,警察有义务和权利当场解决你们的纠纷。小姐,你是这场官司的赢者,你可以提条件。"H小姐摇摇头,不知道该怎么说。

沉默片刻,两位警察商量了一下,对着打人的那位男士说:"两种方式你可以选择,一是在警察局拘留半个月,然后在当地报纸登报向H小姐道歉。二是罚款4000纽币,其中2000纽币给H小姐,作为对受害者的赔偿。"H小姐表示没意见,那位刚才还威风凛凛的先生已经吓得失魂落魄,谦顺地小声自语:"我到隔壁房间去凑钱。"然后乖乖地交了 4000 纽币并填写了一大堆奥克兰警察局的犯罪记录表、悔过书等。最后，两名警察分别开出罚款单和有 H 小姐签名的赔偿认可单。

事后，K 先生问 H 小姐为什么被打不报警？她困惑地说："客人是上帝，客人永远是对的。这种难为情的事情在国外发生，我觉得家丑不可外扬，所以不敢报警，否则，他们回去找个理由投诉，我有口难言……"

评析

首先，领队等旅行社从业人员的合法权益应当受到法律保护。在我国尚缺乏关于如何保护领队合法权益的立法，但可以参照《民法通则》《导游人员管理条例》等法律法规的执行。《民法通则》规定："当事人在民事活动中的地位平等。""公民、法人的合法的民事权益受法律保护，任何组织和个人不得侵犯。"《导游人员管理条例》规定："导游人员进行导游活动时，其人格尊严应当受到尊重，其人身安全不受侵犯。""导游人员有权拒绝游客提出的侮辱其人格尊严或者违反其职业道德的不合理要求。"按照上述规定，领队 H 小姐在带团过程中，其职责是为全团游客提供合同约定的各项服务，但她合法的人身和财产权益必须得到切实的保护。当 H 小姐的人身无端受到他人的侵害，侵权人理应承担相应的法律责任。

其次，领队应当消除某些不必要的顾虑。H 小姐受到人身伤害后，之所以采取忍气吞声的方式，主要原因是不愿意将家丑外扬，同时害怕被投诉，这样的心情可以理解，但并不值得赞扬。领队必须为游客提供优质服务，这和保护自身权益并不矛盾，当领队合法权益受到损害时，应理直气壮地加以维护，并及时向组团社报告，争取得到组团社的理解和支持。

再次，游客文明素质的提高亟待解决。游客文明程度的提高，需要游客和全社会长期的共同努力，不断引导和教育，逐步完善。

13 塞班的警察为什么要上旅游车抓人

案例

某旅游团赴塞班旅游，团内有一位李姓男士带着一名 9 岁的男孩。该团抵达塞班后,在入境大厅排队等待办理过关手续。时间稍长,小男孩不耐烦了,自己离队跑来跑去地玩。他的父亲大声地冲着男孩喊:"你回来,不听话我就不管你啦!"边喊边用力地把小男孩拉了回来。过了一会儿,小男孩又要挣脱父亲,这时,他的父亲大声、严厉地训斥孩子:"再不听话我就把你扔下。"同时,用手指狠狠地点了一下小男孩的额头。旅游团过关后,与地陪见面,上了旅游巴士。司机刚要开车,突然上来两名警察,其中一名低声但很严肃地问:"刚才是谁对自己的孩子如此粗暴?请跟我们到警察局去!"地陪 M 小姐见势马上很有礼貌地说:"我可以把情况说明一下吗?"警察点头示意允许。她说:"这个旅游团来自中国,中国的家庭都是独生子女,这位父亲很爱他的儿子,他告诉自己的孩子到国外要遵守规定,大厅里不能跑来跑去打扰别人,否则他的父亲会丢面子(Lose face)。"警察听了之后又说了一句:"请告诉这位先生,他应该向自己的孩子道歉!"说完,二人下了旅游车。刚刚抵达旅游目的地,此事引发了全团一场虚惊。

事后,李先生不太高兴地对领队说:"你未尽到领队的责任,刚才的事真是给中国人丢脸!出发前关于塞班的情况你讲得很少,我记得你只说了塞班是太平洋的一个小岛、旅游胜地,有自费项目,你有责任告诉我们一些注意事项。"

领队 H 小姐愧疚地向李先生以及全团道歉:"我当了好几年的领队,今天这件事我第一次碰到,做领队这行要学习的东西太多了,我承认自己失职,出发前没有很好地学习塞班的有关文化、历史和习俗。"

评析

首先,该案例再次凸显行前说明会和领队履行告知义务的重要性。由于文化背景的不同,随之而来的是不同的法律制度和风俗习惯,在中国认为是天经地义的事情,在国外也许被认为是违法或者不可接受的。正如案例中游客训斥儿子一事,在国内通常情况下为大多数成人所接受,绝对不会引起司法部门的重视,而在一些非常重视人权的国家,这种情况为法律所禁止,父母的行为会受到法律的惩罚。因此,组团旅行社和领队的职责之一,就是将国外的这些不同之处提前告知游客,促使游客的行为合乎国外的规定,避免游客在国外受到惩罚。案例中的领队恰好没有掌握这方面的知识,没有及时提醒游客,领队对上述不愉快情形的发生负有不可推卸的责任。

其次,只有不断学习和更新知识才能真正成为一名出色的领队。不论是新老领队,都必须活到老,学到老。取得导游证和领队证,仅仅说明在考试时掌握了导游和领队的基本知识和技能,而且这种知识和技能很大程度

14 餐厅的主管为什么冲着中国游客发火

>> **案例**

2004年6月,一个赴欧洲六国游的旅游团,乘奥地利航空公司的航班飞往第一站——奥地利首都维也纳。此团大多数为男士,均为某县城的企业家,此次是第一次赴欧洲。为了带好此团,领队亲自去某县城开行前说明会。除了给每位游客分发有关资料和讲解行程外,领队Z先生详细讲解了欧洲各国的宗教习俗、礼仪和有关法律及规定。但即将参团出游的28名游客中,W先生等6人自称生意繁忙没来参加。

团队出发去机场的路上,领队试图给W先生等几位客人补补课,但他们却不愿听,甚至产生了反感,说:"中国人到外国去,要挺直腰板,不要低三下四。"但是,到达维也纳的第二天,用早餐时就被餐厅主管"发难"。

此团按费用标准,早餐在酒店用美式自助早餐。食品丰富,各种点心、奶酪、果酱、新鲜水果应有尽有。果酱、奶酪都用漂亮的不同水果颜色图案包装,客人根据自己的喜好来辨认和挑选。W先生不加选择地拿了一大盘,用餐时挨个打开,闻一下便放在餐桌上。用餐过程中,他的餐桌上放了10多盒已经打开而没吃过的各种果酱和奶酪。这时出来一位满头银发,身着黑色西装,洁白衬衫,打着黑色领结,看样子有五六十岁的餐厅负责人。他用很生硬的英语大声问:"谁是这个旅游团的领队?"领队Z先生举手示意自己是领队。这位负责人毫不客气地对他说:"告诉你的客人,你们中国过去很穷,许多中国人都吃不饱饭饿死。我读过许多第二次世界大战时期关于中国的书。现在中国强大了,中国人富起来了,你们就可以如此浪费,很可耻!走吧!走吧!早餐的时间结束了!"

评析

　　首先,行前说明会必须切实得到落实。根据《旅行社出境旅游服务质量》的要求,出境游组团旅行社有召开行前说明会的义务。行前说明会的主要目的是,为游客提供旅游目的地的各种信息,特别是与我国不同的法律规定、风俗习惯和生活理念,确保游客在旅游目的地行程顺利、心情舒畅,避免发生误会和纠纷。案例中W先生等6人自称生意忙,没有参加行前说明会,为日后被外国人蔑视埋下了隐患。组团社面对不能参加说明会的游客,应当采取补救措施,如为游客提供相关书面材料,为游客补上说明会的课,而不能以游客不参加说明会为自己开脱。因为若游客在旅途中受辱,游客肯定会将郁闷情绪向领队发泄,影响领队的工作,回国后再向旅行社投诉。

　　其次,领队应在旅途中不断强化说明会的相关内容。事实上,只要在旅游行程中,特别是抵达旅游目的地后,领队根据带团经验,不断将有关信息传达给游客,特别强调相关注意事项,比如在公共场所不要大声喧哗、吃自助餐时有序就餐、量力而行等,案例中不愉快的场面也许可以避免。

　　再次,领队的提醒应当注意技巧。领队对游客的提醒与批评应当委婉,最好不要直接批评,而应当以其他旅游团为案例,旁敲侧击,借古喻今,教育游客讲文明礼貌,树立中国公民在国外的良好形象。

诚信服务篇

我国古代先哲曾经说过,言而无信,不知其可也,这也道出了诚信的重要性。

我们这里所说的旅游诚信,既包括旅行社及其从业人员的诚信,也包括游客的诚信。在现实出境旅游活动中,产生旅游服务纠纷的重要原因之一,就是旅行社及其从业人员缺乏诚信,或者是游客在接受服务过程中缺乏诚信。就旅行社及其从业人员而言,在旅游服务的各个环节必须以诚相待,确保游客能够明明白白消费;就游客而言,应当诚实地向有关部门和旅行社提供真实的个人资料,善意履行自己的合同义务,确保不损害旅行社的合法权益。

诚信服务篇

15 何女士为什么被泰国移民局拒绝入境

> **案例**

2006年5月,何女士在某出国旅游公司的门市部报名参加新、马、泰十日游旅游团,并按组团社要求交付了本人的护照和其他办理签证的有关材料。过了几天,何女士接到一个电话,对方自称是该公司东南亚部计调人员,并通知何女士:"签证没有问题,您报名参加的旅游团将按时出发,请您到我公司缴纳团款并签订出境游合同。"不久,又接到一位王小姐的电话,她自我介绍是该团的领队,并通知何女士该团集合的时间、地点、航班和应带的物品等。

但直到该团上飞机时,领队王小姐才告诉何女士该团办理的是"落地签证",即待抵达泰国下飞机后,再办理签证手续。何女士听了此话,不置可否地登上了飞机。

该团抵达泰国曼谷机场,领队收齐了全团护照,连同填好的"落地签证"表格以及签证费送进了机场移民局。等待入境时,一位签证官出来告知,何女士的护照有效期只有4个月了,不满6个月,不符合签证条件,拒绝其入境。何女士无可奈何,在机场"逗留"了一夜,第二天乘早班机被遣返回国。

回国后,何女士向当地旅游质量监督管理部门投诉,并要求赔偿。她认为旅行社没有按合同规定的标准提供服务,是违约行为。工作人员严重失职、欺骗、敷衍,致使自己的旅游行程无法顺利进行,给自己的精神造成了极大损失。同时,在泰国曼谷机场入境受阻,领队没能及时采取有效的应急措施,进行弥补,只是向客人摆摆手说:"回去再说吧。"亦是严重的失职行为。为此,何女士要求旅行社退赔团费3980元,其他相应的交通费、误工费等费用2500元,以及精神损失赔偿费5000元。

> **评析**

首先,旅行社没有为何女士办理符合规定的签证致使其入境受阻,被遣返回国。而作为旅行社的代表,领队王小姐在事情发生后没有采取补救措施,最终导致旅行社无法履行与何女士于出团前所签订的旅游合同。

其次,旅行社缺乏严格规范的管理制度。对于各部门的监督、培训未予以重视,致使员工操作不规范、层层出漏洞:

（1）在何女士向组团社门市部交付护照时，门市部即有义务对护照进行审核，以确保游客所提供的证件符合要求，发现问题时，应该及时通知游客更换。

（2）门市部与组团社计调人员交接时，工作粗糙，双方无签字记录就把护照及有关材料交接，直到操作时，计调人员才发现了护照有问题，但却未予以补救，并且没有事先告知何女士该团是落地签证。

（3）领队出团前，从计调处交接的所有关于客人的资料：护照、机票、行程表、团队名单等，未按带团程序的规定作最后一次核对。这是最后一次把关，可以对某一部分的疏漏作最后一次弥补，使组团社避免风险，使何女士如期出游。而该领队没完成业务准备中规定的出团前的"三核对"即：①护照与机票核对；②机票与行程核对，包括国际段和国内段行程、日期、航班、间隔时间等；③护照与名单表核对，包括护照签证的有效期、签证水印以及签字等，核对团队实际出国人数与"团队名单表"是否一致。这是一项仔细、认真、严肃的工作，稍有疏忽，便出问题。有时造成的经济损失无法估量。

（4）该案例中，三位业务人员，即门市部的业务员，组团社负责东南亚部业务的计调人员和该团领队，均要各自承担相应的事故责任。

（5）经协商退还何女士2000元。但没有赔偿精神损失费。（关于精神损失，请参见本书案例68：《违约责任承担是否包含精神损害赔偿》）

16 旅行社（领队）欺诈的法律后果

>> **案例**

领队在销售过程中向游客承诺，将为游客提供较为理想的住宿，之后领队和来先生等游客签订了出国旅游合同，对饭店进行了明确的约定：在旅游期间，一晚住四星级饭店，其余三晚住三星级饭店。在合同履行过程中，一晚住的饭店没有星级，一晚住二星级，另两晚住三星级。游客返程后，以旅行社欺诈为由向旅游管理部门投诉，要求旅行社双倍返还全额团款。旅游管理部门接到投诉后，立即进行了调查核实。经查，该地区最高的星级饭店是三星级，没有四星级饭店。旅行社也承认，事先就知道该地区没有四星级饭店，最后只能住没有星级的饭店；另外，还有一晚住二星级饭店，原因在于地接社违约，结果改为二星级。旅行社表示工作失误,愿意按照违约承担责任,除了向游客赔礼道歉外,再给游客适当的经济赔偿。来先生则坚持,出境旅行社必须按照欺诈的规定,承担两个晚上的赔偿责任。经过旅游管理部门的认定和协调,一个晚上的住宿按照违约处理,另外一个晚上的住宿按照欺诈处理。

评析

在这起旅游合同纠纷中,旅行社(领队)究竟是违约还是欺诈,直接关系到对纠纷性质的认定以及由此而来的违约责任的承担。

首先,所谓违约,就是指旅游合同当事人不履行合同义务或者履行合同但不符合约定的行为。根据《合同法》规定,违约方出现违约后,"应当承担继续履行、采取补救措施或者赔偿损失等违约责任"。而所谓欺诈,是指一方当事人故意实施某种欺诈他人的行为,并使他人陷入错误而订立合同。在实践中表现为隐瞒真相或虚构事实并使他人陷入错误的行为。按照《消费者权益保护法》的规定,欺诈方应给予被欺诈方双倍的赔偿。

其次,要判断旅行社(领队)是否有欺诈行为,必须从四个方面加以认定:(1)旅行社(领队)具有欺诈的故意。即通常所说的虚构事实,隐瞒真相。(2)旅行社(领队)实施了欺诈行为。(3)游客因欺诈而陷入错误。(4)游客因错误而作出了意思表示。由于旅行社事先就知道该地区没有四星级饭店,却承诺将提供四星级饭店住宿,旅行社有隐瞒真相的主观故意,并且游客在不知情的情况下在该饭店住宿。对照欺诈的构成要件,应当认定旅行社在为来先生等游客提供所谓四星级饭店住宿时存在欺诈行为。至于另一晚住的是二星级饭店一事,应被认定为违约,而不是欺诈。

再次,在该纠纷中,首先,旅行社有欺诈行为,因此必须将房费双倍赔偿给游客,其次,旅行社还有违约行为,因此应退还三星级与二星级饭店的房价差,并赔偿同倍违约金。

17 领队在销售中如何履行告知义务(一)

案例

王女士到某旅行社报名参加东南亚旅游,领队(销售业务经理)向她推荐旅游时间和线路、服务标准和档次及东南亚当地的风土人情,王女士欣然接受了领队的推荐,当即决定按照旅游广告价格支付旅游团款。就在王女士交付旅游团款、旅行社出具旅游发票后,领队告知王女士,每一位游客在境外必须参加自费项目,费用不得低于1500元,游客必须自行前往机场,如果需要旅行社接送,费用由游客自己支付,做护照的费用也由游客直接交给公安部门。王女士认为领队有意隐瞒事实真相,存在欺诈行为,提出解决方案:要么在不增加任何费用前提下,如约完成旅游行程;要么取消旅游行程,全额退还旅游费用。由于双方难以达成协议,王女士向旅游行政管理部门投诉。经过旅游管理部门的协商,旅行社全额退还旅游团费,王女士表示满意。

评析

这起纠纷的症结,在于领队在销售过程中没有有效地履行告知义务,这也是许多旅行社销售人员在销售时存在的普遍问题。履行告知义务不适当,往往成为旅游服务纠纷的源头,这应当引起领队的重视。

在旅游管理部门调查核实中,对于游客提出为何必须在境外参加自费项目的疑问,领队的解释是,现在每一家旅行社都是如此操作;对于为何游客必须自行前往机场的疑问,领队的解释仍然是,每一家旅行社都是如此操作;至于办理护照的费用自理,领队的解释是,和旅行社没有任何关系,是游客直接向公安机关提出申请,并支付成本费,这是生活常识,无须旅行社多言。总而言之,在该领队看来,他的操作对纠纷的产生没有任何责任。而事实上,正是该领队的操作程序不规范导致了纠纷的产生。

只要领队按照程序操作,这起旅游纠纷就完全可以避免。不论是出境游,还是国内游,旅行社作为旅游服务的经营者,都必须事先向游客履行告知、答复和解释义务,出境游旅行社应特别强调旅游安全、游客各种费用的支出,包括境外自费项目、旅行社接送游客地点和费用、购物注意事项等。尽管办理护照是由游客个人直接向公安机关申请办理,办证费用由游客自理,但领队仍有义务作出恰当的答复和引导,而不能把普通游客等同于旅行社业内人士。当然,游客也应当在交费前,主动向旅行社了解情况,以免产生纠纷。

18 领队在销售中如何履行告知义务（二）

案例

春节前宁先生及朋友共3人准备参加出境游，宁先生委托他在旅行社的熟人（也是一位领队）帮忙。领队告诉宁先生可以参加他带的出境团，由于宁先生等报名较晚，必须做落地签证，宁先生表示同意。就在准备出团的前一天，宁先生朋友的父亲病重，他朋友无法参加旅游，要求退还全额旅游费用。领队告诉宁先生，如果他朋友不参加旅游团，不仅仅他朋友只能退回很少的团款，而且宁先生本人和他的另一位朋友也必须退团，退还的团款也很少。领队的解释是，由于办理落地签证的国家有规定，办理落地签证的人数不得少于3人。宁先生的朋友取消行程，导致办理落地签证的人数不够，只能由宁先生承担责任。宁先生责问领队为何在接受他们报名时不告知。领队的回答是，这是旅行社的内部操作，没有必要告诉宁先生。宁先生在与领队协商难以达成一致的情况，向旅游管理部门投诉，要求旅行社继续履行合同，让他参加旅游团；如果旅行社擅自取消旅游行程，就必须按照合同约定承担违约责任，赔偿其遭受的损失。

评析

宁先生的朋友由于个人原因临时取消行程，应当承担实际损失（旅行社必须证明该损失的存在），并承担违约责任，不需要进行具体的讨论。现在的主要问题是，领队的解释究竟是否在理。如果领队的解释有法律依据，旅行社就可以理直气壮地扣除宁先生和他另一位朋友的团款；如果领队的解释缺乏法律依据，旅行社不仅不能扣除团款，还必须承担相应的违约责任。

首先，旅行社的内部操作没有必要告知游客。诚然，在旅行社为游客办理各项服务时，只要旅行社按照内部操作程序规范操作，和有关服务单位和供应商做好衔接，有时甚至涉及商业秘密，的确没有必要让游客了解工作的全过程。不告知游客的前提是，内部操作和游客的利益不直接发生关系。

其次，在该国办理落地签证和游客的利益有关联。因为各个国家对我国游客办理落地签证的规定不同，有些国家不允许我国游客办理落地签证，有些国家对于办理落地签证没有人数限制，而该国恰好规定必须3人以上。

因此可以推断,在该国办理落地签证存在的条件较为严格。

再次,《旅行社出境旅游服务质量》也规定,应向游客或客户说明所报价格的限制条件,如报价的有效时段或人数限制等。既然如此,领队在接受宁先生等三人报名时,就有义务将落地签证的有关情况明确告知宁先生,由宁先生作出选择。领队没有说明白,就是没有履行告知义务,等到发生纠纷时,旅行社不仅不能扣除宁先生的团款,还必须承担违约责任。

19 领队在销售中如何履行告知义务(三)

》》案例

章先生所在公司的楼下有一家出境旅行社,章先生希望在春节期间参加港澳游。章先生到出境旅行社门市部咨询具体情况,该出境旅行社门市部经理(领队)接待了章先生。章先生详细咨询了有关情况和费用,对领队的答复较为满意。领队问章先生是否已经办理了港澳通行证,章先生告诉领队已经办理。第二天,章先生来到旅行社办理了相关手续,并交纳了旅游团款。10天以后,章先生兴高采烈地随旅游团准备出境,但边防检查人员阻止章先生出境,理由很简单,章先生虽然有港澳通行证,但尚未办理签注手续,章先生垂头丧气地返回家中。领队在机场向章先生表示慰问,承诺等到带团结束后,将与他协商解决方案。领队返回国内后立即与章先生协商,但双方各持己见,章先生认为签注应当由旅行社办理;领队则认为,办理签注是生活常识,章先生应主动提出要旅行社帮助办理签注,既然章先生没有提出,有理由相信章先生自己已经办好签注,导致不能出境的责任在章先生自己,旅行社不承担任何责任。章先生难以接受领队的理由,向旅游管理部门投诉。

评析

一般来说,我国公民出境旅游均以团队形式出游,旅游签证均由旅行社代为办理,而港澳游则可以以自由行方式出游,也可以通过参加旅游团方式出游,但不论何种方式,都必须办理签注才可赴港澳旅游。获得签注的方式,既可以是持通行证的本人直接申请,也可以委托旅行社代为办理。此案例中,领队是否有义务告知章先生办理签注义务,就成为确定纠纷性质,进而解决该纠纷的关键。

首先,旅行社如何恰当履行检查和告知义务。《旅行社出境旅游服务质量》规定,游客已取得旅游证件的,组团社应认真查验其有效期并妥善保管,以确保证件在受控状态下交接和使用,而案例中旅行社并没有提出检查证件。告知义务是旅行社必须履行的法定义务,就是把和游客利益直接相关的信息,以清楚明白的方式告诉游客,由游客作出判断和选择,并指导游客办理与出境游相关的手续。

其次,办理签注是否为生活常识。由于我国开办出境旅游历史仅有20多年,对于大多数国民而言,出境游仍属于较为陌生的领域,出境游知识不是生活常识;而对于从事出境旅游的专业人士而言,出境游知识的确已经成为他们的常识,领队不能以业内人士的标准要求游客。因此,领队的解释过于牵强,承担责任的主体应当是领队,而不是章先生。

当然,章先生也的确存在疏忽之处。如果当初章先生在咨询领队时,能够把通行证交给领队查验一下,询问是否还需要办理别的手续,也许该纠纷也可以避免。但章先生的疏忽,不足以减轻领队的责任,作为出境游专业经营者,领队理应能够为游客考虑得更为周全。

20 领队在销售中如何履行告知义务(四)

▶▶ 案例

马女士结束了为期十天的出国旅游行程,顺利回到国内,就在马女士准备上班时,领队打电话再次向马女士征求旅游服务质量意见和建议,马女士表示对行程安排和领队的服务较为满意。领队又告诉她,按照领事馆的要求,马女士必须在一周后亲自到某领事馆当面销签,并做了详细的解释,马女士不接受领队的解释,并责问领队,为什么在领队来做销售时,没有明确告诉她关于销签的问题,而且合同内也没有作出约定。由于工作繁忙,马女士不能前往领事馆。领队告诉马女士,如果她拒绝销签,将给旅行社造成很大的损失,旅行社将扣押马女士的户口本;而马女士则要求由旅行社承担前往领事馆进行销签的来回路费。最后协商未果,马女士向旅游管理部门投诉,要求管理部门给她一个说法,该费用究竟由谁来承担。

评析

销签是近年来出境旅游出现的新现象,是部分外国使领馆对我国公民出国旅游是否按时回国的一项检查制度。由于旅行社的操作存在缺陷,由此产生的投诉也不在少数。

首先,旅行社业务员有意回避销签制度。由于销签是领事馆随机进行的,并不是要求所有游客都参与其中,有些旅行社业务员怀着侥幸心理,在销售出国旅游产品时,并没有将销签的情况告知游客,导致游客根本没有销签的概念。同时,由于销售的需要,业务员担心将销签制度告诉游客,他们会选择不参加出国旅游。由于销签制度是出国旅游整个体系的组成部分,只要业务员将道理讲清楚,并不会影响到游客的参团热情。

其次,旅行社未将销签制度纳入告知程序中。旅行社的管理应当依赖制度的管理,只要将销签制度纳入告知服务程序中,不论最终的结果是否被要求销签,领队和业务员都有义务履行告知的职责,而不是任由领队和业务员按照自己的喜好来确定,否则此类投诉就在所难免,旅行社也会不断重复地面对同样的问题。假如旅行社事先已经告知,游客就有义务协助旅行社的工作,前往领事馆办理销签。

再次,费用的支出应按照一定的比例。假如在签订旅游合同前,领队和业务员没有履行告知销签义务,游客不愿意参加销签,是因为游客认为行程已经结束,和旅行社不再有业务往来,假如游客前往领事馆销签,游客会为此付出时间和交通费用。旅行社应当在签订合同时和游客就时间和费用作出约定;如果事先没有约定,正如本案例中马女士的情况,旅行社应当承担全部费用,并给予马女士一定的误工补偿,且领队以扣押马女士户口本为要挟,迫使马女士参加销签属于违法行为,应当改正。

21 领队在销售中如何履行告知义务(五)

▶▶ 案例

某出境旅行社领队带团回来后,经常向他的朋友大吐苦水,说自己带出去的团常常遭到旅游目的地国家饭店的拒绝接待。理由很简单,这些饭店以往在接待中国游客团队后,发现有的中国游客在吃自助餐时,一哄而上,拿取的食物很多,且不能全部消费掉,浪费现象严重;且中国游客在公开场合大声喧哗,吵得其他游客纷纷抗议,甚至喝醉了酒随地乱吐秽物。这使得饭店服务人员很烦恼,不欢迎中国游客入住,领队也觉得没有面子。有一次还出现了中国游客把自助餐厅食物往外带,被餐厅服务人员当场发现的情况。当时那名游客恼羞成怒,把食物摔在餐厅的地上,扬长而去,引起饭店的强烈抗议。经过领队、地陪的努力协调,问题总算得到了妥善的解决,但给该饭店留下了极坏的印象。

评析

中华民族是一个具有深厚优秀文化传统的民族,素以礼仪之邦闻名于世。随着出境旅游目的地的不断增多,游客走出国门旅游的机会也越来越多,与不同的生活理念、文化背景和风俗习惯的国民交往,需要有一个相互理解和磨合的过程,许多在我们看来习以为常的行为和习俗,在外国人看来就难以接受。因此,适应旅游目的地国家的行为需求,是摆在我国出境游客面前、更是摆在旅行社和领队面前的重要问题。由于文化背景的不同,游客与旅游目的地之间的误会时常发生,这直接影响着游客对服务满意度的评价。面对如此现状,领队必须履行相关告知义务,并采取有关措施,改善和提高我国游客的文明程度。

首先,2006年,国家文明办和国家旅游局共同发布了《中国公民出国(境)旅游文明行为指南》(以下简称《指南》)和《中国公民国内旅游文明行为公约》,以期提升我国游客出境旅游时的整体形象。《指南》倡导:"中国公民,出境旅游,注重礼仪,保持尊严。讲究卫生,爱护环境;衣着得体,请勿喧哗。尊老爱幼,助人为乐;女士优先,礼貌谦让。出行办事,遵守时间;排队有序,不越黄线。文明住宿,不损用品;安静用餐,请勿浪费。健康娱乐,有益身心;赌博色情,坚决拒绝。参观游览,遵守规定;习俗禁忌,切勿冒犯。遇有疑难,咨询领馆;文明出行,一路平安。"该《指南》所倡导的内容,正是我国部分游客较为缺乏的行为准则,领队在召开行前会及在旅途中,有义务提醒告知游客,以游客的实际行动改变境外某些人的偏见。

其次,领队必须以身作则,为游客做好表率作用。领队在教育游客的同时,更应当对照上述要求,以自己的文明行为引导游客、感染游客,在点点滴滴的行为中体现和践行《指南》精神,为游客树立榜样。事实上,有少数领队首先是自己的行为不文明,才遭到游客的投诉。

22 领队在销售中如何履行告知义务(六)

案例

叶先生准备在春节期间前往国外旅游,他听说目前的旅游团参加购物和自费项目特别多,而叶先生希望能够参加较为休闲的旅游团,经过业务员(领队)的推荐,他选择了出境旅行社推荐的纯玩团,业务员(领队)承诺这样的产品性价比较高,当然旅游团款高出普通团队1800元。到达旅游目的地后,整个行程的确较为休闲,住宿也比较理想。第四天,地陪向叶先生等游客推荐颇具特色的自费项目,并带着他们前往一个工艺品商店。在此过程中,叶先生向领队提出疑问:旅游合同约定不参加自费项目,也不参加购物,为何地陪还向他们推荐,为何在旅途中又另外推荐了商场。领队的答复是,纯玩团分为普通纯玩团和豪华纯玩团,前者仍有推荐,但不强迫,后者才真正没有自费项目和购物。叶先生对领队的解释显然不满意,向旅游管理部门投诉。

评析

根据游客不同需求,推出不同档次的旅游线路,是旅游服务产品多元化的具体体现,也是旅游市场细分的内在需要,出境旅行社能够如此操作,是经营理念进步的表现,值得鼓励和支持。但是,从本案例看,出境旅行社在组织销售和操作中,仍然存在一些问题:

首先,合同约定与实际履行存在差异。出境旅行社和叶先生签订的合同表明,叶先生参加的纯玩团,和普通的旅游团有较大的差异,而且旅游团款差别也较为悬殊。和普通游客相比,叶先生履行了更多的付款义务,因而也应当得到比普通游客更好的服务。在目前旅游服务中,游客最为不满的是自费项目和购物,而在叶先生参加的纯玩团仍然如此,只不过比普通团少了些自费项目和购物而已,叶先生的实际行程并不是纯玩团。

其次,领队在销售时的推荐和旅游行程中的解释存在差异。面对叶先生关于纯玩团的质疑,领队的解释难以令人信服。因为叶先生在签订合同时,领队的承诺是在整个行程中不再有自费项目和购物,而当地陪推荐自费项目和购物时,领队明显站在地陪一边。既然领队知道纯玩团有普通和豪华之分,领队在叶先生来咨询时就应当明确告知,而不是等到叶先生质疑时才作出说明,领队的行为损害了叶先生的知情权。从领队的解释可以推断,在叶先生咨询旅游线路时,领队对于纯玩团的种类心知肚明,有意不告诉叶先生,从某种程度上说,领队在销售旅游产品时有欺诈的嫌疑。

再次,参加自费项目和购物的主动权在游客。即使是参加所谓的豪华纯玩团,只要游客主动提出,参加自费项目和购物的可能性依然存在。关键的问题是,是否参加自费项目和购物均应由游客主动向领队、地陪提出要求,而不是任由地陪推荐。

23 领队的承诺等同于旅行社的承诺

案例

胡先生参加了某出境旅行社组织的出国旅游,在旅游期间,胡先生在某国闹市区被人盗窃价值 5000 元的财物,尽管他和领队及时报警,但情绪受到了极大的影响,胡先生一路闷闷不乐。在另一个国家旅游时,由于飞机机械故障,航班被迫延误 3 个小时,由于时间紧张,有一个景点被取消。胡先生对此大为不满,鼓动全团游客共同要求领队承担赔偿责任,否则就不登机回国。尽管领队耐心协调,胡先生等游客仍然表示拒绝。领队将旅游团的情况及时向出境旅行社报告,该公司的一位主管告诉领队,先答应游客再说。领队声称没有现金,胡先生要求作出书面承诺,每人赔偿人民币 600 元。回国后,胡先生等游客的要求遭到了领队和旅行社负责人的拒绝,领队的理由是当时出于被迫,负责人的理由是,领队答应赔偿是个人行为,而且赔偿费用过高,旅行社概不负责。于是胡先生向旅游管理部门投诉,要求旅行社兑现承诺,向他们作出赔偿。

评析

领队在销售或者服务中,向游客作出承诺,而事后领队无法兑现承诺、旅行社不愿意兑现承诺的现象时有发生,领队和旅行社的理由似乎都很充分,而事实上并非如此,领队和旅行社的辩解都缺乏法律依据。

首先,领队的承诺是职务行为。领队之所以带团出国旅游,是因为接受了旅行社的委派,在为游客提供服务的过程中,只要领队在处理与旅游合同履行相关的各项事务,领队的任何行为均代表旅行社法人,换言之,领队的行为属于职务行为范畴,而不是领队的个人行为。当然,假如因领队的个人行为,导致和游客发生债权债务关系(如领队向游客借钱购买香水,事后领队拒绝向游客归还),领队这样的行为属于个人行为,和领队的职务没有关系。但假如领队向游客借钱,是为了支付旅游团的房费,则该行为属于职务行为。

其次,出境旅行社有义务兑现承诺。旅行社负责人拒绝赔偿的理由是,领队承诺向胡先生赔偿是个人行为。这样的观点站不住脚。不论是否得到旅行社的授权,领队对于游客的承诺,旅行社都有义务承担。至于说领队确定的赔偿数额是否合理,则是另一个侧面的法律关系,和是否赔偿没有因果关系。更何况领队曾经向主管征求过意见,主管也要求领队先答应游客的要求,从某种意义上说,领队得到了事先的授权。

再次,组团旅行社可以向领队追偿。旅行社承担了赔偿责任后,可以向领队进行追偿。因为旅行社承担的高额赔偿,是和领队的轻率行为有关,领队应当为其草率的行为付出代价。

24 领队在销售和服务中不可随意承诺(一)

》案例

王教授参加了由某省非常著名的出境社组织的出境游。由于旅游团均为重点客人,领队部经理亲自担任领队,旅游团顺利地抵达了第一个国家,王教授发现存放在行李箱中的全部现金折合人民币 2 万元不翼而飞了。领队一方面安慰王教授,另一方面承诺:"此事由我管到底。离开该国前我会通过电话与传真和有关方面联系,进行的具体步骤你就不要操心了。即使这几天解决不了,回国后,也一定会弄出个结果来,保证让您满意。"回国后,领队一直没有和王教授联系,王教授好不容易和领队接通电话,领队说:"要航空公司全赔是不可能的,只有几家共同承担,赔偿全额款项的 70%。"半年以后,王教授和领队联系,领队说马上要出国带团,等他回国后再处理。王教授经过查询,确定该领队其实是去厦门。王教授感到被愚弄,对领队所说的话不再信任,决定向旅游管理部门投诉。经协商,旅行社补偿给王教授人民币 1500 元。

评析

　　财产损害纠纷在出境旅游服务时经常发生,原因较为复杂,处理起来也较棘手。在旅游行程中一旦发生游客的财产损害事件,领队要采取积极措施,尽可能为游客挽回损失,保护游客的合法权益。

　　首先,为了防止游客财产损害案件的发生,领队在行前说明会上和旅途中,必须向游客讲解安全防范知识,特别是要强调不能将重要文件和资料、外交信袋、证券、货币、汇票、贵重物品、易碎易腐物品以及其他需要专人照管的物品,夹入行李内托运。这些贵重物品夹在行李内托运,假如发生了物品的遗失或损坏,仅仅按一般托运行李承担赔偿责任。这是国际航空运输的通行规则。虽然这些规则应当为许多游客了解,但由于出境旅游对于一些游客而言仍然较为陌生,领队有必要提醒游客注意,这也是领队履行告知义务的具体表现。

　　其次,假如有游客向领队报告,他的财物被盗。此类案件属于刑事案件,领队应当动员游客在第一时间向当地警察局报案,由警察局对案件进行调查侦破。如果游客不愿意报案,领队也应代游客报案,否则领队的工作就存在过失。同时,领队应协助游客与有关部门,如航空公司、饭店、景点等服务企业沟通,力争降低游客的损失。

　　再次,在境外处理此类纠纷时,领队应当避免两种极端的方式:一种方式是向游客轻易承诺,另一种方式就是敷衍了事。前者可能导致旅行社权益受损,如本案例中领队的处理方式就是如此;后者可能招致游客的投诉。

25 领队在销售和服务中不可随意承诺(二)

▶▶ 案例

　　春节前夕,沈女士准备前往某国参加商务活动,由于时间紧迫,沈女士来不及办理商务签证,就委托某国际旅行社领队想办法,领队承诺为其办理好旅游签证。当沈女士提出参加旅游团是否可以离开团队活动时,领队告诉她,按照有关规定不可以,但他可以为她特开绿灯,和境外的地陪协商,前提是沈女士必须参加他组织的旅游团。当沈女士随团来到境外,领队将沈女士离团的要求告诉地陪时，遭到了地陪的拒绝，结果沈女士没有能够和客户充分商谈。由于商务活动的目的没有达到，旅游行程结束后，沈女士以领队欺诈为由，要求旅行社承担赔偿责任。旅行社认为沈女士的要求缺乏法律依据，拒绝承担任何责任，领队仅仅为其承诺表示歉意，也拒绝赔偿沈女士的损失。沈女士在多次协商未果的情况下，最后将旅行社和领队告上法院。

评析

  本案例是领队为了实现销售目的随意承诺的又一例证。领队在销售过程中的承诺，必须符合三个先决条件：

  首先，领队承诺时必须遵循诚实信用原则。所谓领队必须诚实信用，就是领队在销售中必须实事求是，对旅行社的服务不夸大其词，也不隐瞒真相，而是把服务的真实情况告诉游客，由游客作出正确的判断和选择。旅游服务中，许多纠纷的产生就是源于销售人员没有遵循该原则。

  其次，领队的承诺必须是可能实现的。旅行社能够为游客提供的服务，就是与游客约定的服务内容，这些内容集中体现在旅游合同中。当游客向销售人员提出需要领队提供额外服务时，就必须考虑到其可能性。像沈女士提出的离团要求，销售人员（领队）就应当明确予以拒绝，而不能仅仅因为组团的需要而承诺。

  再次，领队的承诺必须符合法律规定。领队在销售和带团中，除了遵守旅游合同约定外，还必须遵守国内外法律法规的规定，类似沈女士提出的离团要求，违反了我国和旅游目的地国家的法律规定，领队对此应有清醒的认识。假如领队在带团中违反目的地国家的法律，除了受到目的地国家的法律制裁外，还将损害国内组团旅行社的权益。

  虽然领队的做法既不符合诚实信用原则，也违反有关法律规定，但领队不存在隐瞒真相的事实。因为当沈女士来咨询时，领队已经将出境旅游不能离团的规定告诉了她，只是领队组团心切，法制观念模糊才予以承诺。同时，沈女士也应当认真反省，在事先得知离团要求不符合法律规定时，仍然一意孤行，其行为也存在过错，应当为旅游目的不能实现承担相应的责任。

26 领队在销售和服务中不可随意承诺(三)

▶ 案例

陈先生等19人参加了某出境旅行社组织的出国七日游。按照旅行社事先和游客的约定,旅行社不仅派出优秀领队,而且为游客安排"当地优秀导游服务",并为游客购买旅行社责任险。在旅游期间,旅游车在赶往下一个景点时发生车祸,所幸没有造成重大人员伤亡。由于旅游行程受到了一定的影响,陈先生等游客要求推迟返回国内的时间,经过协商,陈先生等游客和地接社达成延后两天行程的协议。游客回到国内时,组团旅行社专门派车到机场迎接游客,领队也承诺,将把交通事故详细向负责人报告,一周内给予游客明确答复。但从此没有下文,游客对此很不满意。一个月后,陈先生等向旅游管理部门投诉,反映领队没有及时和他们沟通,且自费项目不给他们收费凭证,当地导游员也"并不优秀",发生交通事故的当晚,领队没有安排就餐等问题。

评析

这起投诉的发生,原因较为复杂,并不单纯是由领队和地陪的服务造成的,旅行社的操作不当也是引起投诉的原因之一,如合同约定为陈先生等提供"当地优秀导游服务",按照《合同法》的有关规定,当旅行社和陈先生等的理解发生歧义时,应当作出有利于陈先生等的解释。旅行社必须提供地陪的确为"优秀导游"凭证,而事实上旅行社不能出具,领队不能就此推卸责任。

首先,领队的工作的确存在漏洞。尽管车祸的发生属于意外事故,而且责任也应当由第三人承担,但在发生交通事故的当晚,领队没有及时敦促地陪为未受伤的游客提供餐饮服务;当游客对自费项目价格提出异议时,地陪也没有向游客作出合理的解释。

其次,领队及时答复的承诺没有兑现。既然领队承诺陈先生,他将报告负责人并于一周内答复,这就类似领队与陈先生等签订了口头协议。而领队根本没有将有关信息反馈给陈先生等,是领队违反口头约定的表现,给陈先生等的印象是领队言而无信,当然会引起他们的反感。

在旅游管理部门处理投诉的过程中,陈先生等也承认,尽管发生了交通事故，他们对旅行社和领队的服务仍然表示满意，后来他们之所以投诉，主要原因是领队善后处理存在问题：领队承诺将向单位负责人报告，并给陈先生等明确答复。既然领队当面向游客作出了承诺，就必须在一周内给予反馈，即使领队给予的反馈并不令人满意，他们也不再追究。假如领队服务到位，这起投诉原本可以避免。

27 领队在销售和服务中不可随意承诺（四）

▶ 案例

孙先生曾经有过境外探亲超期返回的不良记录，孙先生返回3个月后，他向一家出境游旅行社咨询，是否可以为他办理再次进入该国旅游的签证。旅行社的销售人员（领队）得知情况后告诉他，如果参加旅行社组织的旅游团，办理相关手续就没有问题，但可能入境会遇到麻烦，不过只要他带这个团，就能保证入境时没有任何障碍。当孙先生随旅游团到达该国边境入境时，被该国移民局审讯并遣返。于是孙先生向旅游管理部门投诉，要求领队退还全额旅游费用，并承担5000元的精神损失，共计8500元。领队解释说，当时孙先生反复请他帮忙，最后是不得已而为之，否认曾经承诺确保孙先生顺利入境，而只是答应尽力而为，孙先生拿出了当时的谈话录音，领队才承认错误，并愿意承担相应的责任。

▶ 评析

应当说，孙先生提出的赔偿请求很难得到法律的支持。明知自己有违法记录，孙先生还向旅行社提出出国旅游的请求，孙先生自身的过错，是导致被外国移民局审讯并遣返的直接原因。尽管领队答应了孙先生的请求，按照《合同法》的有关规定看，孙先生与旅行社达成的出境旅游协议无效。当然，这样的结果并不影响对旅行社行为的批评。旅行社业务人员（领队）盲目组团，是缺乏法律意识的突出表现。

首先，出境旅游过于关注业务。出境旅游业务中一个令人担忧的现象是，一切工作围绕组团业务而展开。虽然组团业务关系到旅行社的生存，也关系到业务人员（领队）的切身利益，但旅行社业务人员在组团过程中不顾法律法规的规定,也不顾旅游业务的实际,随意承诺游客,最终的结果是事与愿违,得不偿失。因此,业务人员(领队)在开展组团业务时,必须把握分寸。

其次,领队的承诺不得违反法律规定。和国内旅游相比,出境旅游更具严肃性和规范性,出境旅游往往涉及国与国之间的关系,法律关系复杂。通常情况下,各国对于有过不良记录的入境者都设有一定的限制,如规定在一定期限内不得再次入境等。作为领队等旅行社从业人员,对旅游目的地国家的这些相关规定应当烂熟于心,当游客提出类似要求时,应当明确予以拒绝。

再次,在具体判决责任分担时,应当考虑到两个因素:第一,孙先生有错在先;第二,组团旅行社是专业组织出境旅游的服务单位,具有丰富的专业知识。按照责任共担的原则,可以要求双方各自承担50%的责任。

28 领队在销售和服务中不可随意承诺(五)

》》案例

胡先生和他夫人决定通过出国旅游庆祝他们的结婚纪念日。胡先生是公务员,他夫人是中学教师。胡先生知道,虽然可以委托组团旅行社办理出国旅游的所有手续,但出国签证有一定的不确定性,胡先生特别向旅行社业务员(领队)咨询,他们夫妻签证的成功率有多大。领队看过他们的背景资料后告诉他们,只要他们参加该公司组织的旅游团,像他们这样的职业和身份,肯定可以获得领事馆的签证。于是胡先生爽快地交纳了旅游费用,并开始着手准备1个月以后的出国旅游。临近出团日期,胡先生几次向领队电话咨询,签证等手续是否完全办好,领队告诉胡先生,所有手续办理已接近尾声,胡先生尽可放心。但就在出团前两天,领队通知胡先生,领事馆拒绝给予胡先生和他夫人签证,请胡先生去旅行社取回团款。领队同时告诉他,签证等相关费用共计1000元由胡先生承担。胡先生百思不得其解,领队对他的承诺没有实现姑且不说,令他难以接受的是还要承担签证费,胡先生一气之下向旅游管理部门投诉。

评析

在出境旅游的纠纷中,由于领事馆没有发放签证而引起的纠纷不在少数。在此类纠纷中,游客对旅行社的指责,主要包括两个方面,第一是旅行社承诺过肯定可以办好签证,等到拒签再通知游客为时已晚,给游客带来不便;第二是旅行社要求游客承担签证损失费没有道理。游客的指责是否有道理,就必须结合出境旅游的特点加以分析。

首先,签证是否发放决定权在使领馆。签证是一国政府允许外国人进入本国的标志,我国出境游客在出团前必须获得签证(落地签证所占比例较小)。外国使领馆根据自己国家的规定,确认申请人是否符合该国的法律规定,并最终决定是否给予申请人签证,而旅行社所能做到的,就是按照使领馆的要求,严格审核游客提供的相关资料,及时将游客的资料递交使领馆。

其次,游客接到拒签通知的时间过于紧张。由于签证有受理期限,而出境旅行社确定的出团时间较为固定,因此,很多时候时间特别紧张,有时组团旅行社上午才刚拿到签证,游客下午就必须前往机场。在这种情况下,假如游客被拒签,对于游客而言过于突然,肯定不能接受,更何况还要游客自己承担拒签费用。

再次,签证费用的收取者为使领馆。目前,绝大多数使领馆都向申请人收取一定数额的签证费,即使申请人被拒绝发放签证,使领馆还是全额收取。由于收取费用者为使领馆,出境旅行社只是代为支付,因此,拒签费用最后的承担者应当是游客。当然,领队在销售时信口承诺的确也有不当之处。

29 领队在销售和服务中不可随意承诺(六)

案例

某领队在某集团公司销售旅游线路时,将出境旅游的价格、线路安排、服务标准向该集团公司员工做了详细的介绍。当公司员工向他咨询有关自费项目时,领队说旅游目的地国家正在整治旅游市场,地陪会向游客推荐自费项目,据说自费项目不会超过每人500元。为了促成该业务,领队承诺,如果自费项目超过上述标准,旅行社将全额退款。于是该集团公司员工与领队签订了旅游合同,并按照约定抵达了旅游目的地。在旅游期间,地陪出示了自费项目计划,要求最低消费为每人800元,否则将拒绝为旅游团提供住宿。领队和地陪交涉,地陪拒绝了领队的要求。旅游团被迫参加800元的自费项目后,要求领队兑现承诺。领队想要尽快解决问题,口头答应将在回国后3天退还每人300元,旅游团要求领队在赔偿协议上签字,领队爽快地签字。回国后,领队以各种理由推托,拒绝履行承诺。旅游团要求组团旅行社承担责任,组团旅行社认为是领队的个人行为,也拒绝赔偿。最终在旅游管理部门的监督下,组团旅行社支付了赔偿金。

评析

自费项目是产生出境旅游纠纷的重要原因之一,游客的投诉主要针对地陪强迫或者变相强迫游客参加自费项目;或者是反映游客缺乏选择权,是否参加自费项目、参加多少自费项目全由地陪决定;或者是投诉自费项目收费偏高,价质不符。本案例则从另一个侧面反映了领队在自费项目业务中存在的不足之处。

首先,领队告知游客的信息必须准确。自费项目是出境旅游普遍存在的现象,不存在好还是不好的问题,领队在招徕业务时,必须对旅游产品的各个环节有足够的了解,不能以"大概"、"应该"、"好像"等语句答复游客的疑问。如果对游客咨询的问题没有把握,应当实事求是地告诉游客,并确定给予答复的时间,而不能以"据说"来误导游客,否则必将引起游客不满。

其次,领队必须慎重承诺游客。案例中领队先后两次向游客作出了承诺,第一次是关于自费项目款项,第二次是关于赔偿游客的损失。分析领队向旅游团做出承诺的过程,可以看出领队做出承诺的随意性。如果说第一次承诺是由于销售心切尚情有可原的话,第二次的承诺则暴露出该领队业务素质亟待提升。在没有得到组团旅行社负责人授权的情况下,领队随意和游客达成赔偿协议,就是不慎重的突出表现。

再次,领队必须履行自己的承诺。既然领队和游客达成了赔偿协议,并且以书面形式确定,那么领队就必须履行承诺,向游客做出赔偿。

出境旅游领队工作案例解析

30 旅游价格是否必须完全相同

▶ 案例

春节前夕，李先生夫妇到当地出境社报名，决定参加春节期间的出国旅游团，旅行社给予李先生每人200元的优惠。由于该旅游团是华东地区几家出境社转让而成，旅游团出境后，游客相互之间除了对服务质量加以评价外，自然对服务价格进行比较，结果李先生发现，全团32人中他们的价格最高，比最低价每人高出600元，李先生心里难以平衡：享受同样的服务，为什么我比别人多付钱？价格面前没有人人平等，我受到价格歧视。李先生向领队抱怨，要求领队退还他1200元，领队告诉李先生，李先生的服务价格是偏高，李先生可以向组团的出境社要求退还1200元。李先生回国后要求组团社退还费用，但遭到旅行社的拒绝。

评析

不论出境旅游还是国内旅游，同团不同价的现象存在已久，游客对此议论颇多。所谓同团不同价，就是指在同一个旅游团中，游客支付给旅行社的价格不尽相同，游客通过相互比较，价格较高的游客往往会要求旅行社退还所谓的"差价"，面临游客如此要求的第一人就是领队。领队若想较为圆满地答复游客，就必须了解我国《价格法》的相关规定，否则就可能犯本案例中领队的错误。

首先，我国《价格法》规定："国家实施并逐步完善宏观经济调控下主要由市场形成价格机制。价格的制定应当符合价值规律，大多数商品和服务价格实施市场调节价。市场调节价，是指由经营者自主制定，通过市场竞争形成价格。"我国旅游服务价格属于市场调节价范畴，而市场调节价其定价的本质要求，即"经营者定价的基本依据是生产经营成本和市场供求状况"。换句话说，就是旅游服务价格由旅行社自行确定。

其次，既然旅游服务价格属于市场调节价，各旅行社根据自己的需求定价，不同旅行社在销售同一旅游线路时，价格肯定会有所不同，如同一件商品，在不同的商场其价格也有区别，消费者不能要求商场退还所谓的"差价"。即使是同一旅行社，服务价格也不是一成不变的，旅游价格在不同季节会上下波动，特别是在旅游旺季，比如春节期间，旅游价格会上浮，春节过后,价格会有所回落。

再次,《价格法》同时规定,旅行社在销售旅游线路时必须做到明码标价,履行告知义务,确保游客获得知情权,旅游服务价格的高低都不应当成为旅行社退还"差价"的理由。领队随意承诺游客的要求缺乏法律依据。当然,尽管旅行社的做法无可非议,但确实容易成为游客投诉的潜在因素。

31 旅行社为领队工作失误赔偿

案例

暑假前夕,领队向张先生所在单位推销其旅游产品,经过比较和考察,张先生所在单位和领队签订了出境海岛游合同,确定出团时间为6月初,张先生等共支付旅游团费14万元。5月中旬,领队告诉张先生,旅行社没有预订到合同约定的机票,旅游行程难以完成。领队代表旅行社提供了两个方案:方案之一,解除合同,旅行社支付总价款10%的违约金;方案之二,选择同年7~8月间出游,旅行社提前10天告知张先生,如果旅游费用涨价,旅行社承诺不涨价,如果旅游费用降低,旅行社退还差价,假如旅行社再次违约,旅行社将承担团款50%的违约金。张先生等接受了旅行社的第二个方案,并签订了书面协议。7月5日,领队通知张先生等游客,旅游行程安排在7月8日。张先生等以没有时间准备为由拒绝参加旅游,要求旅行社承担违约责任。事后了解到,计调人员早已于6月20日通知了领队,准备工作一切就绪。但由于领队一直在带团,没有及时通知张先生等游客。

评析

领队的工作失误,其法律后果将由旅行社承担。当然,旅行社会根据内部管理规定,最终要求领队承担所有的赔偿责任。领队应从该案例中吸取教训,增强责任心和法律意识,避免个人利益遭受损失。

首先,不论是第一个旅游合同,还是第二个旅游合同,均经过旅行社(领队)和游客的充分协商。张先生等选择在7~8月间重新参加旅游,其实质是对原旅游合同的变更,即旅游行程的时间被顺延,而其他服务内容和原旅游合同保持一致。旅行社和张先生之间的合同变更合法有效,反映了旅行社和游客之间的真实意思,其合法性和有效性不容置疑,应受到法律的保护。违反合同约定的后果,就是违约方承担合同约定的违约责任。

其次,避免旅行社承担违约责任的前提是,旅行社为张先生等安排的行程时间必须在同年的 7~8 月间,且提前 10 天通知张先生。只要其中任何一个条件没有满足,旅行社就属于违约。而旅行社通知张先生参加旅游行程只提前了 3 天,旅行社再一次违反了合同约定。张先生等要求旅行社按照合同约定承担赔偿责任,是张先生等的正当权利,旅行社按照合同约定支付赔偿,是其承担合同义务的具体表现。

再次,违约金可以由合同双方当事人协商约定,有一定的任意性。领队在与张先生等签订第二份合同时,违约金的数量的确偏高。其实,当时领队完全可以降低违约金的约定,即使违约也可以承担较轻的违约责任,这也是领队用高昂代价换来的教训。

32 游客生病滞留境外费用该由谁承担?

>> 案例

张女士及其家人陪同年迈父母出境旅游,到达旅游目的地后,张女士家人认为旅行社安排的酒店违反了合同约定,且酒店蚊子很多,无法入睡,就自行更换了酒店。第二天的行程节奏很快,由于没有休息好且疲劳,张女士父亲生病住院。张女士共计三人留在医院服侍,滞留一天返程,机票费用为 25 000 元。张女士要求旅行社承担第一晚酒店住宿、住院医疗及其返程费用。

评析

(1)在旅游服务纠纷中,由于所谓的旅游行程疲劳,导致游客生病,是游客经常投诉的理由。这个话题涉及一个问题的两个方面:一方面,游客在选择旅游线路时,要充分考虑到自身条件,选择适合自身需要的旅游线路,比如年老体弱者,就不要选择红眼航班出行等;既然游客选择了该旅游线路,就可以推定游客对于旅游线路的认可。另一方面,旅行社在推介旅游线路时,应当充分履行告知义务,对于行程中可能存在的隐患和问题予以充分事先说明,由游客作出是否参加的决定;同时,敦促服务供应商提升服务品质,比如案例中关于蚊虫多的投诉,完全可以通过事先采取措施妥善处理,避免纠纷的发生。

(2)张女士全家自行搬离酒店的行为,本质上是属于人为扩大损失的行为。除非张女士投诉后,饭店不采取措施,或者采取措施后,蚊子多的境况没有得到改变,且通过更换客房等补救措施仍然不见效,张女士可以和旅行社协商更换酒店,而不是自行决定搬离酒店。张女士的行为是不理智的。

(3)张女士必须举证,没有休息好且疲劳与导致她父亲生病住院的直接因果关系。从实际情况看,这样的要求对于赵女士来说有点为难和苛刻,但张女士要求赔偿的主张,必须得到相应的证据支撑,否则其主张难以得到满足。

(4)张女士父亲生病住院,如果原因在旅行社,是否需要全家三人陪侍?目前法律没有明确规定需要几人陪侍,根据诚实信用原则的基本精神,一般情况下,只需要留下一人陪侍即可,除非医生有明确的要求。

(5)此纠纷处理中须把握如下基本原则:

第一,查明旅行社入住的酒店是否符合合同约定。如果不符合约定,旅行社必须承担违约责任;如果酒店符合合同约定,游客以蚊子多为由,自行搬离酒店,属于人为扩大损失,额外的房费应当由张女士自行承担。

第二,没有休息好且疲劳,与游客生病住院之间,是否存在因果关系,应当由张女士来举证。如果张女士能够举证两者之间有因果关系,旅行社就要承担相应的责任;如果张女士不能两者之间没有因果关系,旅行社对此就不必承担责任。

第三,张女士父亲生病住院,是否需要全家三人留下来服侍。除非有医生明确的要求,否则通常情况下,只需要留下一人陪侍就足够。如果张女士不能证明其父亲生病与旅行社存在因果关系,滞留返程的机票由张女士自己承担;如果张女士能够证明其父亲生病与旅行社存在因果关系,旅行社应当承担两人(她父亲及其一人陪侍)滞留返程的机票。

33 游客要求误工费赔偿是否合理?

▶▶ 案例

胡女士参加了出境旅游团,由于旅行社的失误,旅游团延误一天返回,胡女士要求旅行社给予误工费损失的赔偿。由于胡女士已经退休在家,旅行社认为虽然有延误,但是并没有给胡女士造成什么损失,拒绝予以赔偿。胡女士的疑问是,虽然没有直接的误工费损失,但毕竟延误了一天返程,旅行社拒绝赔偿有理吗?

评析

(1) 误工费的含义。所谓误工费,顾名思义,就是由于延误工作时间给游客造成的直接经济损失。目前我国法律对于人身伤害造成的误工损失有明确的规定,但对于因旅行社工作失误、延误游客返回时间造成的损失,并没有明确的规定,但可以参照适用。误工费赔偿的基本计算原则是:误工时间乘以游客的误工收入。

(2) 误工费赔偿没有统一的标准。由于游客职业不同、生活和工作地区不同、是否有直接收入不同等因素的制约,旅行社如造成游客误工,同一个旅游团中游客获得的误工费赔偿也会不同。比如有工作的和退休的,获得的赔偿都不相同,甚至相差悬殊。总之,由于旅行社延误造成游客误工的,要按照游客的实际损失赔偿。

(3) 获得误工费赔偿的举证责任在游客。旅行社造成游客延误返程,游客要求旅行社承担误工费赔偿,当然是法律赋予游客的权利,但游客在行使赔偿权时,必须承担损失存在的举证责任。游客要求旅行社承担1000元的损失,就必须提供每天1000元实际损失的证明,而不是由游客随意提出,然后由旅行社承担赔偿。游客不能举证损失的存在,旅行社就没有赔偿误工费的义务。同时,由于旅行社延误行程,游客还会提出诸如因未能及时赶回签订工作业务合同、要求旅行社承担合同损失等要求。即使该损失存在,也不属于直接损失的范畴,旅行社无需为此承担赔偿责任。

(4) 误工费的计算方式。

误工费的计算方式有多种,大致可分类如下:

①有固定工作的,游客出示单位工作收入证明,旅行社予以赔偿。如果旅行社认为工资数额太高,与实际工资不符,可以要求游客提供完税证明。如果游客提供了完税证明,旅行社必须按照游客的损失赔偿。

②游客不能出示单位工资收入的,旅行社按照当地相同或相近行业上一年度职工的平均工资计算赔偿。

③游客退休后还有工作,只能要求该工作的日均收入赔偿。工作收入

的赔偿,参照第一条实施。

④游客已经退休,且没有其他退休金之外的收入,就没有误工费可以赔偿。

⑤游客全职在家,不能证明其有直接收入,旅行社也可以不予赔偿。

当然,如果旅行社和游客对于延误行程有事先约定,就按照约定予以赔偿。如旅行社的违约金不足以弥补游客的损失,旅行社还应当向游客补足实际损失和违约金之间的差额。

职业素养篇

　　出境旅游不同于境内旅游，它通常是飞越长空或者漂洋过海的远程旅行。对于绝大部分游客来说，所到之处几乎是完全陌生的国家或地区，文化不同、语言不通、社会制度和法律制度不同。出境旅游是世界各民族之间开展文化交流的一个很好的渠道，每一位游客都可以说是一位"民间大使"，通过旅游活动增进相互了解。同样，旅游目的地国家的人民，也通过接触众多的各国游客了解异国的文化，彼此建立友谊。作为一位出境旅游团的领队，带领团队在境外游览、访问，少则五六天，多则十几天，能否让每一位游客乘兴而来，满意而归，这是对领队综合素质的严峻考验。

34 航班晚点，慢待乘客，激怒领队，她勇敢地与某航空公司"较劲"

>> 案例

2004年8月11日，领队F小姐带旅游团赴澳洲八天一地旅游。期间一切顺利，但是在回程时发生了一则插曲。

8月18日，领队F小姐带领全团按原计划提前两个小时到达墨尔本机场开始办理登机手续（换登机牌、托运行李）。在全团办完手续都拿到登机牌后，F小姐再三向本次航班的地勤人员确认登机时间和登机门，然后她再向全体客人确认一遍，便一起过移民局到海关。其中一位客人随身携带的行李体积超过规定，海关人员要求该客人的行李必须托运。领队F小姐陪客人去托运行李后，又一次问一位女职员，她用英语说："因空中管制，飞机要延误到9点才起飞，登机门也改了。"她的回答令领队F小姐惊讶。因为电子显示屏所显示出来的登机信息并无改变。无奈，领队要再次向客人一一告知起飞时间和登机门号，并带领全团前往变更后的登机门等候。此时，客人情绪还比较稳定，又过了半小时，领队再次询问机场的工作人员，在谈话过程中，F小姐得知飞机坏了，在修理，还要延误一个小时，而且登机门又改了。航班正点起飞时间应该是7点，而根据服务人员的说法要10点起飞，客人早餐都没用……领队找到当日的值班经理，向他提出："现在在机场等候的起码有5个中国旅行团，大部分的中国游客都听不懂英语，你们应该用中文广播一下。"但是，他不以为然。此时，领队F小姐发现几个老外旅行团和散客都在餐厅用餐，一种受屈辱的心理使她无法再平衡，她几乎用小跑的速度，寻找其他4个中国旅行团的领队共同商量，一定要维护游客的权益。然而只有其中一位领队S先生愿意和她一起与机场负责人"理论"。另三位领队可能是自己的外语有障碍或者别的原因，不愿这么做，其中有一位领队甚至不耐烦地说："你们干吗那么累？你们去了也不会有什么结果……"

F小姐和领队S先生找到该航空公司的一位负责人，F小姐先自我介绍后说："先生，我想提几个问题，我不明白难道贵公司是根据不同肤色，或者是来自不同国家的乘客给予不同等级的服务吗？"那位负责人很客气地说："您能否说得再明确一些，您受到委屈了吗？"F小姐说："是的，不是我，而是我们旅行团的全体客人。航班已晚点3个小时，是机械故障，是你们的责任！您应该知道，凡是乘此航班的客人，都由飞机上提供早餐，您不妨了解一下，所有乘本次航班的外国人全部在餐厅里用餐，为什么不给中国旅行团用餐？还有我已经向有关方

出境旅游领队工作案例解析

面提出意见,本次航班上有一大半是中国旅客,他们都不懂英语,关于本次航班变更信息的几次广播都是用英语,但那位地勤经理的回答令我们很失望,他说机场里没有一个会讲中文的。真是这样吗?"此时,几位游客按捺不住了,也过来向他们大声地叫喊,有的人嘴上骂骂咧咧。F小姐马上回过头对他们说:"请你们回原位坐好!注意文明礼貌,我们有理,我是领队,你们要相信我,快回去吧!"她又对该航空公司的主要负责人说:"你现在必须找一位会讲中文的工作人员向我们的客人做出正确的解释和诚意的道歉,否则,我将控制不了他们的情绪,因为他们受到了不公平的待遇……"

该航空公司的负责人说:"小姐,给我一点时间,我去安排一下,我会马上回来。"没过多久,墨尔本机场终于响起了中文的广播,并对误机事件向中国乘客道歉。当时,那位态度很差的老外经理也向那么多的中国人说了"Sorry"。并用很笨拙的中文说:"对、不、起,大家!"

之后该航空公司的负责人对两位领队说:"餐厅的工作有差错,他们本想分两批用餐,但他们应先通知大家用餐的次序,我愿和你们谈条件,如何对你们的客人进行补偿……"

两个旅游团共37人,机场给每位客人发了价值人民币80元的早餐券,并因飞机机械故障,作为赔偿,每位客人发了价值600元的货币券,该航空公司负责人说:"离起飞时间不多了,你们的客人用早餐恐怕来不及了,这两张货币券,待抵达目的地后,找我们航空公司在上海的办事处,可以换人民币,请求二位不要跟其他团队讲了……"与此同时,乘坐该航班的另外三个旅游团,由于领队的无知,这些客人在机场被延误了3个小时,却未能得到任何补偿。

当回忆这一经历时,领队F小姐说:"几个小时的舌战,虽然感到疲倦,但令我欣慰的是得到了我的团员的认可。"他们说:"F小姐,你是好样的,敢与外国人据理力争自己的权益,长了咱中国人的志气,他们认输了……同样都是旅游团,看来领队的负责精神和服务素质太重要了!下次我们出国还来找你。"

评析

首先,西方一些航空公司、旅游饭店等对中国游客在服务过程中确实存在歧视现象。一方面,一些西方人,特别是没到过中国的西方人,由于受一些西方媒体的失实报道的影响,对中国人民抱有偏见;另一方面,中国游客本身的某些不文明行为以及多少年来的不良积习,如随地吐痰、在公共场合大声喧哗等,也导致了他们对中国游客的歧视。由此看来,中国游客文明素质的提升是一项刻不容缓的、全社会应引起重视的问题,更是旅游从业人员责无旁贷的任务。

其次,从上述案例中不难看出,领队 F 小姐是一位德才兼备的出国领队人员,她不但具备过硬的外语表达能力,同时对游客有爱心。当中国旅游团受到不公平待遇时,她敢于挺身维护团员的权益,以理服人。目前在出国领队这个庞大的队伍中,有的领队在碰到这种情况时,要么是胆怯、装聋作哑,要么就是心有余而力不足,外语口语不过关,张不开嘴,最后的结果必然是使游客受损失。

再次,一名合格的领队,是团队的核心。在带领一个旅行团赴国外旅游过程中,领队担负着极具挑战性的工作任务,她(他)代表中国的组团社保护客人的合法利益,既要使团队在旅游过程中尊重所在国的法律、风俗习惯,又要维护祖国的尊严,使国格、人格不受侵犯。

35 领队带团通过安检为什么受阻

案例

2007 年 5 月黄金周期间,领队 M 先生带一个"澳洲七日游"的旅游团一行 32 人,乘澳航从上海飞悉尼,在上海通过海关检查时受阻:领队 M 先生新买的一大支牙膏和一瓶头发定型水被海关没收,一位患风湿病的老人拿了七瓶医院熬制的液体中药,也不能随身携带上机。

领队的牙膏、定型水被没收无话可说。而老太太急得要哭了:"我不想出门旅游,花钱太多,我女儿一定让我去澳大利亚,说那边风景好、人少、气候好,对我身体有好处。我有痛风病,临出发前,特地去医院看病,让医生开了七瓶中药,每天服一瓶,这样走路时膝关节就不会痛……"海关人员请老人出示医生处方或病历以及医院证明,老人均拿不出上述证明,无论怎么说情都无效,老人家由于着急,情绪失控哭喊着说花了 1 万多元一定要上机。最后,海关检查人员找到领队,让他帮助老人让机场包装行李服务处将其中六瓶中药用坚硬的材料包装好,再与办理托运行李柜台的工作人员商量,将托运的行李找出来,把包装好的中药打在行李里,重新托运。老太太随身携带一瓶中药上机。

评析

第一，这件麻烦事的发生，主要责任在领队。

第二，依据民航总局〔2007〕1号《关于限制携带液态物品乘坐民航飞机的公告》（以下简称《公告》），全国民用机场于2007年5月1日起遵照《公告》内容实施新的液态物品检查规定。此次新规定针对国际、地区航班旅客的携带物品提出了更为严格的限制，为避免旅客、特别是乘坐国际航班出行的旅客，在通过安全检查的过程中遇到不必要的麻烦，管理部门特提前发给各旅行社，希望在组团的过程中提前做好团队成员的宣传工作，以确保旅客出行顺畅，减少因不符合规定携带液体而造成的不必要损失。《公告》中规定："乘坐国际、地区航班的旅客要将随身携带的液体物品（包括液体、凝胶、气溶胶、膏状物）盛放在容积不超过100毫升（ml）的容器内。对于容积超过100毫升（ml）的容器，即使该容器未装满液体，亦不允许随身携带，应办理交运。"领队的一大支牙膏无疑超过了100毫升，老太太的七瓶中药更不用说了。

第三，此《公告》4月中旬就发到各旅行社，领队M先生服务的组团社曾组织大家学习讨论过。据了解，行前说明会上M先生也顺便讲了一些，为什么团队通过安全检查时受阻？无疑，领队对国家的"法令"敷衍塞责，讲解时轻描淡写，未强调遵守法令的重要性。

第四，这是相关部门执法不严的后果，使人们明知故犯，养成习惯，总觉得通过说情，可蒙混过关，问题不大。因此出门游客在出入境时，所带香烟、酒类超过限量的情况时有发生。

第五，领队不仅自己应当做守法的榜样，而且要告知甚至强制游客遵守海关、安检的各项规定。因为这不是个人的事，它关系到国家、人民的安全，否则就是领队渎职。

36 从客人托运的行李丢失事件看领队的业务能力

▶ 案例

领队H先生带团前往欧洲，第一站抵达奥地利首都维也纳时，发现一位客人的行李丢失。在机场工作人员指引下，该领队带领客人找到"LOST AND

FOUND"(行李遗失服务处),由于相关业务不熟悉,不知道如何与工作人员联系(正确的方法应按指定的电话号码致电报失,然后进入行李遗失服务处与工作人员联系并办理手续),浪费了很长时间。在与工作人员取得联系后,又因为语言障碍造成双方沟通困难,将应当当场填写的行李报失表格带回了酒店。因为欧洲行程安排紧凑,待他10天后返回维也纳机场出境时再与机场交涉,为时已晚。由于领队工作的失误,造成客人在旅途中极大的不便,此事在回国后经过数月交涉才得以解决,这对组团社的诚信造成很大损失。

评析

游客托运的行李在出境游的过程中丢失时有发生,每位领队在出发前必须弄清行李丢失后的报失程序:

第一,在第一时间找到机场的行李遗失服务处。

第二,事先弄清行李遗失服务处的联络方式。因为在欧美等国有些机场的行李遗失服务处随时有人值班,而有些行李遗失服务处的工作人员不出现在服务台,领队要拨通指定的电话号码,再稍等片刻才有工作人员开窗服务。

第三,领队向工作人员出示失主的登机牌、护照、托运行李的收据(通常称行李牌)并详细填写报失表格。提供尽量多的信息:如当地入住酒店名称、地接社的地址、联系电话和联系人。如果领队开通了国际漫游,最好留下自己手机号码。

第四,根据工作人员提供的画有各种不同款式、尺寸、颜色的行李的图表(chart),让客人在图表中确认哪一个与自己遗失的行李一样或相似。

第五,一般情况下,丢失的行李(根据电脑查询)当晚或次日的上午就可以拿到,如果当日拿不到,领队有责任向行李遗失服务处要求,为失主提供当日换洗的内衣和洗漱用品费用(一般在50欧元、50澳元、50美元),只要领队表达的理由真实,语言表达清楚,客人是能拿到这笔费用的。

第六,如果确实遗失,领队(在地接社的协助下)有义务向所乘航班的航空公司索取赔偿,一般情况下,不把问题带回国内。

37 细心的领队,关键时刻拿起投诉的武器,一举获胜

案例

2006年11月,一个赴澳、新十日游的旅游团,结束了在悉尼的游览行程,第二天乘某国外航空公司的航班飞往墨尔本。抵达机场后,按该航空公司的规定,全团要到该航空公司的柜台自己办理登记和托运行李手续。为了使全团每位客人托运行李的手续办理不出差错,领队E先生站在办理登机手续的柜台前,帮助客人将行李一个一个地放在传送带上,等待工作人员查验、称重量和贴行李标签。当轮到最后一对中年夫妻时,他们两人还在整理准备托运的大件行李。领队E先生转身对已经办好登机牌和行李托运手续的客人们说:"请大家不要站在柜台的周围,到旁边的空地等着,不要走开,有上卫生间的客人要互相打个招呼。"说完,他马上转身准备帮助最后一对夫妇托运行李。E先生把他们的行李放在传送带的位置上,上边已经有两只挂上行李标签的箱子,但是柜台工作人员还没给这对夫妇的行李挂行李标签,不知怎么传送带就启动了,把行李给输送了进去。此时,那名工作人员正在电脑前输入什么东西,领队E先生用英语大声地对他讲:"我的客人那件行李还没挂行李标签就被传送带送进去了!"这名工作人员的左手还拿着一长条行李标签,又问领队E先生:"行李在哪里?"领队再次认真并严肃地对他说:"我亲眼看见那件行李没挂托运行李标签就被传送带输送进去了!请马上进去查找一下吧!"(显然是他精神不集中,习惯性地踩了一下"开关",传送带才启动!)这名工作人员进去了十多分钟,出来对领队说没问题了。领队又再三追问他:"你见到那件行李了吗?我担心到墨尔本找不到行李。"他不耐烦地对领队说:"那是我的事儿!"此刻,细心的领队E先生马上看清这名工作人员胸前带的工号牌的编号及英文名字的拼音,用笔写在手心上以便记住,之后带着全团过移民局、海关候机大厅等待上机,但他的心里忐忑不安。

果然,到了墨尔本,所有客人都拿到了各自的行李,唯独那对中年夫妇的行李没领到。领队找到前来迎接该团的地陪说明情况,并请他先将团队带到入境大厅稍等,他自己陪客人到行李服务处询问并帮助客人填写了所有与丢失行李有关的表格。之后他对服务处的工作人员说:"对不起,我要到××航空公司的办公处去投诉,我还会回到这里。"他带着客人几乎用跑步的速度找到该航空公司的负责人,投诉了悉尼机场该航空公司托运行李柜台那名不负责任的工作人员,并清楚无误地写出他的胸牌编号及英文名字和拼音,同时出示了客人的乘机

联票存根、登机牌存根、护照等。该航空公司的负责人听完领队的陈述后,打开电脑查了一下,马上向领队道歉:"对不起,行李还在悉尼,是工作人员的失误。"并解释说:悉尼至墨尔本的航班一天有多次,行李保证明天会送到旅行团入住的酒店,请领队留下入住酒店的地址、电话号码,旅行团名称和领队的名字、手机号码。

办事严谨的领队 E 先生,此时又提出,当晚那对夫妇已无任何可换的内衣和洗漱用品,这将会给他们带来困难。于是负责人立刻将他们领到行李服务处,让工作人员拿出 100 纽币,请他们夫妇二人在机场内购买一些当晚用的洗漱用品和替换的内衣。

旅行团经过 20 分钟的等待,终于上了旅游巴士开往入住酒店。办理完团队入住手续后,领队又到总台与值班人员关于丢失行李一事沟通了一下。

第二天早餐后,领队被通知去总台领取行李和该航空公司送的一束鲜花。夫妇二人见到失而复得的行李高兴极了,连声感谢领队工作认真负责,团内的其他人也说出国旅游碰到这么好的领队真是福气。

评析

出国旅行团,特别是赴欧洲等国,行李丢失的情况时有发生,而领队处理这类事件的经验、能力,直接影响到行李丢失者的切身利益。

第一,领队要熟悉旅游目的地机场里"行李服务处"的位置和联络方式。

第二,领队的语言(外语)过硬,表达清楚,用词适当,有条理,并能举证说明问题。

第三,领队应协助客人细心填写有关表格,提供尽可能多的信息。

第四,如果行李当日找不到,领队可以代表客人要求赔偿用于购买当日洗漱用品和一两件替换内衣裤的费用。

第五,如果在旅游目的地逗留期间仍没有找到行李,回国前领队可在地接社的协助下,向航空公司索赔,切不可将问题带回国内。

第六,目前各国索赔行李的方式基本上分两种:①按行李的尺寸大小赔偿;②按行李的重量赔偿。但从不按丢失的行李里面所装物品的价值赔偿。

38 客人理性维权，旅行社违约赔款

> **案例**

2006年2月，某合资制衣厂因上一年经济效益好，厂领导决定奖励全厂职工赴香港旅游。全厂参加旅游的职工共140人。由两家出境旅游组团社承担组团，每个社分配70人。甲组团社将70位游客分为两个团，派了两位年轻的领队。乙组团社的70人也分为两个团，派一名有经验的领队和一名年轻的领队。

两个组团社的行程完全相同，而入住酒店不同。在港的游览行程中均被安排了三次进商店购物（珠宝店，名表坊，免税商店）。按旅游合同规定，购物时间为每次进店不超过60分钟。该团出发前，两家旅行社的计调人员分别与该制衣厂的领导签订了出境旅游合同。

第一天，甲组团社的两辆车上的游客购物很少，两名地陪不满意，回酒店的路上不太讲话，在离酒店还有100米远的地方就停车，客人不得不步行100米走到酒店。这显然就是怠慢客人，领队看在眼里，没有表态。下车时还自言自语地说："不买东西，恐怕连饭也不给吃了！"第二天，地陪与客户较劲，不购物就延长购物时间。回饭店的路上，地陪称司机也很辛苦，为司机推销紫荆花纪念品和钥匙扣，因为车上气氛不好，客人自然不想"捧场"，况且价格贵。地陪见此状，又想"高招"，把领队甩开，自己与客人达成"协议"，不用买纪念品，每人交10元钱作为小费送给司机……全车人无一人不交。

结束香港的游览返程后，该制衣厂的总经理，一封投诉信送到甲组团旅行社的总经理办公室：

一、组团社有违约责任。根据已签订的出境旅游合同第五项第二款，旅行社擅自延长购物时间，应当支付旅游合同总价1%的违约金。

二、制衣厂支付的旅行总费用中已含小费，为什么在香港还要交10元钱，虽然客人也同意交10元钱，但他们人在他乡，出于无奈。

评析

第一，在购物活动中，领队应根据合同限制购物的时间和次数，否则就违背出境观光的本义，有损客人的权益，此案例中领队没有做到维护客人权利，导致旅行社违约。

第二，在境外旅游期间，领队应尽量与导游员、司机搞好关系，共同协商，把旅游活动安排好，让客人满意，但领队亦有监督地陪的责任和义务，遇到地陪或司机提出无理要求或者侵犯客人的利益，如随意延长购物时间或增加购物次数以及额外收费时，领队理应站出来与导游员交涉，进行阻止，维护客人的正当权益，必要时向地接社投诉，并向国内组团社报告。

第三，因该团购物"不好"，地陪让客人步行100米走到酒店，这是随意降低服务标准的行为，领队应立即指出，并选择适当时间督促地陪向客人道歉。

第四，领队的一言一行都代表组团社，领队违约就是组团社违约。

此次投诉的处理结果是：甲组团社的有关领导带两名领队一起前往该制衣厂，向有关领导道歉并按其合理要求进行赔偿。这里要提一下的是，乙组团社的两辆车上的地陪也与客人达成收10元小费的协议，但一位有经验、负责任的领队立刻站出来对大家讲："这个团是贵厂的奖励旅游团，大家的小费已包含在团费中，我们旅行社与贵厂已签订了旅游合同，你们再拿出10元，对我们组团社来讲，就意味着违反合同的约定。如果大家一定愿意拿钱，你们要签名，我也要在纸上签名写明我们的意见。"领队坚持原则，不支持地陪这种带有强迫性的做法，车上的游客沉默了几秒钟后，不约而同地鼓起掌来。

该制衣厂的领导表示今后出游要找乙组团社，因为他们的领队好，做事为游客着想。

39 幽默"幽"出了投诉

案例

2006年9月领队C先生带领一个旅游团一行25人赴欧洲十国十三日游。

出境旅游领队工作案例解析

此团绝大多数是离退休人员,其中有教授、高级工程师、高级教师和曾在单位里担任行政领导和干部等职位的客人。该团乘法航自上海至旅游行程的第一站巴黎。过关后在入境大厅与地陪接洽,旅行团顺利地上了旅游车。按礼遇程序,由领队介绍地陪,再由地陪介绍旅游车的司机。但自称常跑这条路线的领队C先生,介绍了地陪之后,又抢先介绍了所谓他熟悉的意大利籍司机:"这位司机叫××先生,是一位帅哥,开车的技术相当棒,有30年的驾龄,他今年32岁,两岁时就开车了,不过他开的是玩具车⋯⋯"他的话音刚落,车上的游客们礼貌地鼓了一下掌,但没有笑声。

该团的地陪是一位法国籍的中国台湾人,陈先生,近50岁了。衣着端庄,头发梳得一丝不苟,讲一口流利的标准普通话,不难看出是一位很有实力的资深导游员。从机场到酒店近一个小时的路程中,不停地介绍巴黎的概况,以及沿途看到的各国驻巴黎使(领)馆区、著名建筑的历史,25名团员听得聚精会神。

欧洲十国十三日的旅游,按常规路线,一般情况下除了乘一段飞机外,交通工具基本上是用旅游车,旅行团的很多时间是在旅游车上度过。优秀的地陪陈先生一路上不失时机地讲解欧洲各国的情况、历史名人、艺术家等,客人问到有关欧洲共同体、欧盟等问题,他亦一一回答,使每一位客人从他的讲解中获得大量信息,不但消除了长途行车的寂寞,更使游客们感到"乘车也是物有所值"。达到如此的效果是一位优秀的导游员应具备的综合素质。

领队C先生也不示弱,不时地抢过话筒,自称是"讲点儿带荤的或是荤素相宜的故事"。引得大家哄堂大笑,但是大笑之后却是沉重的反思。

该团回国大约一个月之后,几位参加旅游团的老同志向有关旅游管理部门写了一封投诉信:"国内的领队不合格,首先是无爱国之心,乱幽默,说话简直是口无遮拦⋯⋯总之,没文化、无自尊、太肤浅,根本无法与这次遇到的地陪陈先生相比⋯⋯"

评析

第一,随着经济的持续发展,近几年我国的出国旅游人数迅猛增加,有些旅行社"饥不择食",派出的领队不合格,这是事实。

第二,幽默是语言技巧的最高峰。幽默一定要避免"油"、"滑"和低俗。

第三,对导游员(领队)而言,学会掌握幽默,可以说是终生努力奋斗的目标。因为它是人的智慧的体现,是一种强者的心态。幽默要"幽"出一名导游员(领队)的文化底蕴和气质。

职业素养篇

第四,运用幽默要有针对性和时代感。要恰如其分,灵活机动。在旅游过程中遇到问题和困难,或者是旅行团内的游客之间产生矛盾,可以通过适当的幽默方式进行沟通,以达到相互谅解。

第五,特别要提醒的是,讲黄色笑话或一些使游客发笑的故事并不是幽默,虽然当时会使人发笑,但事后却留下了"后遗症"。最终可能把事情搞砸,引起投诉。

40 领队要求旅行社退货是否合理

案例

某领队带团结束后向旅游管理部门投诉,要求旅游管理部门责令出境旅行社为其全额退还所购买的商品。该领队反映,她接受出境旅行社的委派,为一个旅游团担任领队,在旅行社安排的商场购买了首饰,回国后经过检测,结果与销售员口头推荐不符,购物凭证的表述则是含糊不清,和境外商场交涉得不到满意的答复。于是领队向出境旅行社领队部经理反映,领队部经理不仅不同情她的遭遇,反而批评她业务素质差,令她难以接受。旅游管理部门了解来龙去脉后,要求领队回答一个问题:当她作为领队时,遇到游客提出同样问题时将如何作答。领队回避了旅游管理部门的问题,坚持说领队也是普通人,不可能对境外所有情况都了解得一清二楚,在购物时出现疏忽也属于正常。

评析

一般来说,旅游购物纠纷发生时的主体一方是游客,当游客对商品价格或者质量产生疑问时,游客第一时间想到寻求领队的帮助,以期解决问题。本案例的主体却是领队,情况较为特殊。当然,单纯从经营者和消费者关系这个角度看,领队维护权益和游客维护权益本质上并没有什么区别,上述购物纠纷从另一个层面反映出,部分领队的业务素质亟待加强。

首先,领队应当对旅游合同中约定的服务心中有数。领队声称"自己是普通人,不可能对境外所有情况都了解得一清二楚"。这样的观点淡化了领队的职责。在担任领队期间,领队就不是"普通人",而是代表出境旅行社为游客提供服务的职业人,具有较为丰富的专业知识和经验。领队不能以普通人来要求自己,而是要对出境旅游服务的各个环节作充分的了解,以备应对游客的咨询。如果游客向领队咨询时,领队如此作答必将引起投诉。

其次,领队必须具备较为完备的专业知识。领队的职责之一,就是在旅途中为游客提供各种服务,包括为游客提供购物基本知识,介绍注意事项。当游客购物需要领队帮助时,领队应提供力所能及的帮助,并结合购物纠纷发生的原因,及时为游客提供咨询。如领队应要求商场经营者为游客提供规范的购物凭证,并要求经营者注明所售商品的品名、质量、规格和价格等,使游客避免因所购商品没有购物凭证,或者购物凭证含糊其辞,增添维权难度和成本。

再次,领队不能维护自己的权益,必然没有能力为游客提供优质服务。从本案例的情况看,该领队自己在购物时都不能要求商场出具规范的凭证,显然是缺乏专业知识。这样的领队连自己的权益都难以保障,更何况是游客的权益呢?如果该领队专业素质得不到完善和提高,出境旅行社将为此承担经济赔偿。

41 领队不可随意处置游客的财产

▶▶ 案例

陆先生夫妇参加了某出境旅行社组织的出境旅游,在进入某旅游目的地海关时,陆先生排在该旅游团的最后。一位没有佩戴任何标志的海关工作人员要求陆先生接受检查,由于语言障碍等因素,检查过程花费了较长时间。陆先生妻子不见陆先生出关,赶回探询,陆先生要妻子去找领队。领队赶到现场后,急匆匆要陆先生把钱给该工作人员,并将陆先生行李箱内的手表送给工作人员。让陆先生难以接受的是,事后领队再也不提这件事,既不采取弥补措施,也不给陆先生安慰。行程结束后,陆先生到旅行社讨说法。领队的解释是,根据他担任领队的经验,该海关工作人员把陆先生当成了领队,检查速度很慢,就是为了向他索要物品,当时事件过于突然,只能急于应付了事,旅行社和他本人不负责任。

评析

姑且不论领队的解释是否真实,也不论该国海关工作人员的工作作风,领队在服务过程中存在问题是不可否认的事实。

第一,《民法通则》规定:"公民、法人的合法民事权益受法律保护,任何组织和个人不得侵犯。""财产所有权是指所有人依法对自己的财产享有占有、使用、收益和处分的权利。"陆先生的所有财产包括手表在内都是受法律保护的,未经陆先生的同意,任何人不具有处分权,自然,领队也不能随意处分游客的财产。因此,案例中领队不经陆先生同意,把陆先生的手表送给海关工作人员,其行为违反了法律规定,陆先生可以按照实际损失向领队或者旅行社索赔,以维护自己的合法权益。

第二,即使当时情况非常特殊,领队为了使陆先生尽快入关,确保旅游行程顺利才出此下策,领队事后也没有妥善处理。领队事后应立即将有关情况向地接社、组团社汇报,同时向游客表示歉意、进行安抚,可以请陆先生提供手表的购买凭证,按照手表的实际价值向陆先生做出赔偿。同时,通过我国有关政府机关,向该旅游目的地国家进行交涉。

第三,作为一个有经验的领队,应当事先将过海关时的注意事项逐一告诉游客,包括游客入关的路线、集合地点,要确保每一个游客顺利入关。同时领队还必须随时清点人数,安顿好先出关的游客后,发现人未到齐,应当立即折回寻找,帮助解决问题。

第四,假如领队的解释属实,作为领队就应当在该旅游目的地入海关时特别注意,照顾好全团游客的同时,做好充分的应急预案,随时准备应对上述非正常情况,而不能以牺牲游客财产为代价。

42 领队的服务不得违反法律规定

案例

某学校为了奖励本校先进工作者,与当地出境社达成组织境外五日游协议,高老师参加了该旅游团。在某出境海关准备出境时,领队将出境证件发给各旅游团员,高老师发现出境证件上的内容除姓名与自己相同外,照片、出生日期、出生地等相关资料完全不同,遂向领队提出异议并要求退团。领队告诉高老师:

出境旅游领队工作案例解析

"旅游目的地海关检查不严，你只要认定证件是你本人的就能放行。"但高老师在进入海关时被旅游目的地入境事务处扣留、审问、搜身长达7个多小时，之后被旅游目的地法院判处有期徒刑4个月，缓期两年执行。在有关部门的协助下，高老师度过24天的牢狱生活后，被驱逐出境。高老师事后查实，该组团社所谓的领队无出境游领队证，其违规操作致使自己被扣留羁押、判处刑罚，遂请求法院依法判决由被告旅行社赔偿精神损害抚慰金30万元。

评析

出境游证件出错，责任固然不全在旅行社，但是，该出境旅行社在为高老师办妥出境游证件时，应当负责对所办理的证件进行核查。而领队在接收这些证件时，应当按照服务流程再次进行核查。旅行社和领队均未履行核查义务，致使高老师证件出错事实延续到出海关时，旅行社和领队的责任显而易见。当然，高老师作为完全民事行为能力人，明知证件错误仍然继续其旅游行程，并企图蒙混过关，在入境时未能如实陈述事实，造成被羁押、判处刑罚的事实，亦应承担一定责任。

该出境社派遣无领队资质人员担任领队，其行为违反了《中国公民出国旅游管理办法》的有关规定，应当受到旅游管理部门的行政处罚，同时应当为领队的违规操作承担民事责任。不论该领队是否具有资质，只要被旅行社派出担任领队，就必须认真履行领队职责。

海关是一个国家和地区领土的最前沿，是国家主权的象征，当高老师向领队说明证件问题时，首先应当毫不犹豫地阻止高老师出境，并及时向旅行社负责人报告，听候旅行社的处理决定，及时妥善安置高老师。更何况高老师自己已经提出取消行程，领队竟然毫无法律意识，劝说、唆使高老师继续旅游行程，领队的行为其实已经涉嫌犯罪。

该案例还反映出某些旅行社管理层的观念滞后。这些管理人员没有真正认识到领队工作的艰巨性和挑战性，而是把担任领队职务视为福利待遇、是免费旅游，旅行社后勤人员表现出色，也会被管理层指派为领队，其服务质量和效果可想而知。旅行社管理层应当从此类案例中吸取教训。

43 领队是否可以扣压游客的证件

案例

边先生准备出国旅游,他把护照及相关资料提交给某出境组团社,由旅行社为他办理签证。当出境旅行社通知边先生,旅游签证顺利办好,请边先生做好准备参加旅游时,由于边先生父亲突患重病,边先生要求取消旅游行程。旅行社业务员(领队)告知边先生,由于旅游团机票尚未完全确认,旅行社考虑边先生的情况较为特殊,可不按照合同约定向他收取违约金,但边先生的护照必须继续由旅行社代为保管,等到边先生下次出境旅游时,必须参加他们的旅行社。边先生要求退还护照,但领队解释说,由于出国旅游签证是他们旅行社办理的,出于对边先生和旅行社同时负责,边先生若要出国旅游就必须随他们旅行社。假如边先生的签证由一家旅行社办理,而又随另一家旅行社出国,一旦边先生发生滞留不归的行为,他所在的旅行社不仅将蒙受不白之冤,而且会受到使领馆的处罚。边先生对此解释并不满意,于是向旅游管理部门投诉。

评析

在出境旅游纠纷中,虽然此类纠纷所占比例不高,但却折射出旅行社从业人员的法律意识和诚信意识有待进一步提高。

首先,领队等旅行社从业人员是否有权扣压游客的证件。旅行社的本质就是一家服务企业,其职责就是为游客提供服务,而不是在服务中行使执法权。护照是公民用于出国的专业身份证件,除非法律明确授权,除了司法机关以外,任何单位和个人不得扣压公民的护照。现在一些旅行社从业人员没有丝毫法律意识,俨然以司法机关自居,只要游客没有按照他们的意愿办事,动不动就威胁扣压游客的证件。如游客没有参加销签,旅行社就扣压游客的护照、身份证、户口本、房产证等,迫使游客就范。案例中出境旅行社领队的行为属于违法行为,应当立即改正。

其次,领队的解释是否有背诚信原则。从表面上看,领队的解释似乎有一定的道理。的确,出境旅行社为游客办理出国签证,必须向使领馆担保,游客提供的信息资料真实可靠,并承诺游客按时返回国内,不发生游客滞留现象,否则出境旅行社将承担相关责任。但是,法律并没有规定,游客委托出境旅行社办理签证，就必须随旅游团出游。假如边先生下次随其他出境旅行社出团滞留不归，尽管使领馆也会向替边先生办理签证的旅行社调查核实，当事实真相调查清楚后，使领馆要追究责任的是实际组织边先生出国的这家出境旅行社，领队害怕被牵连的心情大可不必。其实，领队真正的用意是不希望流失客源，而不是所谓的担忧使领馆的责任追究，领队用貌似合理的解释，来掩盖其追逐利益的目的，其诚信度值得怀疑。

44 领队应当认真核对游客的证件

案例

付先生夫妇参加了当地某国际旅行社组织的欧洲深度游，付先生夫妇按照约定来到上海浦东机场等候办理出境及登机手续，领队在机场先和每一位游客签订旅游合同，然后向游客发放护照。付先生接到护照后发现其护照内页破损严重，立即向领队说明。领队也立即向公司反映，公司要求领队做好付先生的工作，请他放弃此次行程，但请他的夫人随团旅游。付先生夫妇坚持，要么一同前往欧洲，要么一同放弃行程。领队说服无果，付先生夫妇同时放弃此次行程，并向旅行社提出包括精神损害在内的索赔要求。旅行社除了赔礼道歉外，承诺付先生可以在适当的时候再次参加同样线路的旅游团，如果团费降低退还差价，而团费上涨则由旅行社承担；至于付先生夫人，由于其行为属于人为扩大损失范畴，考虑到实际情况，旅行社愿意承担三分之二的损失。付先生表示接受。

评析

在出境旅游纠纷中，占据一定比例的纠纷均起因于游客出境游证件出错、不能按照既定行程出游。其表现形式各异，如游客的照片出错、证件破损、只有证件而没有签注，或者是签证（签注）过期等，只要出境游证件中存在任何一个问题，游客都无法如约参游，纠纷产生后旅行社都将承受较大的经济损失。

首先，在这起纠纷中，领队负有不可推卸的责任。按照《旅行社出境旅游服务质量》规定，领队接收计调人员移交的出境旅游团队资料时应认真核对查验。出境旅游团队资料通常包括团队名单表、出入境登记卡、海关申报单、旅游证件、旅游签证/签注、交通票据、接待计划书、联络通讯录等。由于出境旅游跨越空间大、政策性强，领队在出境前必须做好充分的准备，尤其是要对游客的旅游证件是否完好、签证（签注）是否在有效期限内等，进行仔细检查核对，确保游客出入境顺畅。不可否认的是，旅行社对于旅游证件、签证（签注）的控制力较弱，有时是上午获得签证，下午就要出团，领队几乎是和游客同时拿到旅游证件，即使旅游证件有问题，领队也很难有应对的时间和空间，但有一点必须明确，领队必须做到在第一时间核对旅游证件、签证（签注）。

其次，旅行社要按照责任大小进行内部处理。旅行社在为旅游证件问题向游客承担责任后，可以追究相关责任人的责任。造成旅游证件出错，原因往往是多种多样，其源头可能是旅行社提供的资料有误，也可能是有关部门或者是使领馆操作失误，旅行社难以追究这些部门的责任。旅行社内部操作失误，如提供资料出错，或者证照部门把关不严，审核不到位，加之领队核对不严谨，应当由领队和旅行社相关人员共同承担责任；如果没有给领队预留核对旅游证件时间，游客因旅游证件问题造成行程受阻，旅行社不应当要求领队承担责任。

45 领队的职责是"补台"而不是"拆台"

▶ 案例

某省的出境旅行社组织的出境游旅游团中，该出境旅行社自己组织的游客只有8名，其余的20名游客来源于全省其他出境旅行社组织的散客，游客自行前往机场集合，然后由领队统一带领出国旅游。各出境旅行社都告诉自己组织的游客，领队在机场会举着某旅行社的旗帜迎接他们。这些游客按时到达机场后，找不到领队，一直等到7时30分，领队带着8名游客来到机场。焦急等待的游客询问领队为何迟到，领队说他只负责本公司组织的游客，其他游客只是拼在他的团里而已。后来游客们又通过闲聊得知相互价格相差悬殊，有4700元的，也有5200元的，价格较高的游客向领队咨询时，领队回答："我们这个团是4700元的，就享受这样的服务，你们可以向旅行社要求退款。"行程结束后，该游客真的向组团旅行社要求退款，与该组团旅行社发生旅游纠纷。

评析

随着我国公民出境旅游目的地不断增多,游客出境旅游的机会亦随之增加,与此同时,由于游客出境旅游选择变得更为丰富,出境旅行社组团的形式也纷繁复杂。出境旅行社之间拼团现象日益成为旅行社重要的经营方式。由于游客来自全省甚至是全国各地,而领队只能由一家旅行社指派,领队稍有不慎,很容易造成其他旅行社组织的游客受到冷落,从而引起旅游纠纷。在此情况下,领队必须顾全大局,为游客营造良好的旅游氛围。

首先,领队是整个旅游团的领队。领队必须记住,不论是受哪一家出境旅行社的指派,其职责都是为全团每一位游客提供服务,因为各出境旅行社之间已经达成协议,由该领队代表全体旅行社为游客提供服务,而不能像案例中的领队那样,只照顾自己旅行社的游客,而对其他游客冷若冰霜。

其次,领队不随意评价其他旅行社的经营。在代表多家旅行社为多家旅行社的游客提供服务时,领队必须尽可能维护各旅行社的合法权益,不能信口开河,对其他旅行社的经营指手画脚,对于不知道的情况也不能随便发表评论。如案例中,当游客对服务价格提出疑问时,领队应当以《价格法》的规定来说服游客。如果领队对此不甚明白,就请游客自己判断,而不能鼓动游客回旅行社退款,人为制造矛盾。

再次,领队的职责在于"补台"。有些领队为了突出自己公司,总喜欢通过贬低别的公司的手段,以抬高自己公司的身价,这是领队工作的一大忌讳。即使其他旅行社的经营出现问题,当着游客的面也要做好"补台"工作,而不能去"拆台"。

46 领队的"补台"难以掩盖旅行社的不足

案例

施先生参加出境旅行社组织的十一日出国游,团款是1.35万元,加上购物等,共计花费3万元。回国后,该出境旅行社对施先生进行了回访,向施先生征求意见。施先生对于旅游的总体评价是:"没有旅游的感觉,倒是有拉练的体验",但同时对领队的工作给予了充分肯定。施先生说,领队人性化的服务的确让他口服心服,如果不是领队的服务到位,他一定会向旅游管理部门投诉。因为整个旅游行程是起早贪黑,紧赶慢赶,观景则是蜻蜓点水,一带而过,自费项目过多,购物商场一个接一个,索然无味,和出团前的想象相差悬殊。施先生建议,旅行社在设计旅游线路时,应多为游客着想,充分考虑游客的需求,才能真正吸引普通市民参加旅游。

评析

游客是旅游服务的最终体验者,旅游服务能否让游客满意,一方面源于旅行社提供服务的本身;另一方面,也取决于旅行社设计的旅游线路是否合理。施先生凭借他的旅游体验,对领队的服务给予了肯定的同时,对该旅行社也提出批评和建议。从施先生的评价中可以看出,尽管旅游行程事先得到了游客的认可,旅行社亦是完全按照合同为游客提供服务,没有违反合同约定,但旅游线路设计有待进一步完善。

首先,旅游线路未将精华景点安排在内。游客参加旅游团的目的之一,就是在游览旅游目的地精华项目的同时,体验文化,陶冶情操。而旅行社为了降低成本,所安排的许多景点均为免费对公众开放的景点,而将重要的旅游景点剔除在外,这种情况在许多出境旅游线路的安排中表现得十分明显。对此游客的选择颇为艰难:如果希望游览这些景点,就必须额外再支付门票、交通费等相关费用,游客似乎并不愿意额外掏钱;但如果游客不游览这些项目,又似乎有些可惜,毕竟已经来到了旅游目的地,景点近在咫尺,既然已经支付了大笔旅游费用,总希望能够看到这些经典景点,参加还是不参加自费项目让游客左右为难。

其次,行程安排不科学,游客疲惫不堪。旅游行程安排不科学,还体现在:游客在景点逗留时间过短,而在购物商场逗留时间过长;正常的白天游览景点被安排在晚上,游客无法如意欣赏景点;虽然合同约定了住宿标准,但住宿通常被安排在郊外,和游客的期望也有较大差距;游客行程节奏过快,身心疲惫,期望通过旅游放松心情的愿望彻底落空。

再次,旅行社服务不能一味依赖领队的"补台"。旅行社的产品和服务是保证游客服务质量的基本要素,领队则是旅游计划的监督和协调者,领队的"补台"在一定程度上可以弥补旅行社的不足,但绝对不是万能的。面对旅行社的重大失误,领队往往也只能望洋兴叹。

47 领队应当制止游客参加黄色节目

案例

邵女士参加了某出境社组织的出境旅游后,立即向旅游管理部门投诉,要求领队和旅行社承担相关赔偿责任。邵女士反映的情况包括:旅行社安排的购物商场出售的商品质量有问题,地陪向游客推荐的自费项目中含有黄色节目,领队不仅未加以制止,还与地陪一起劝说游客参加,邵女士在被迫的情况下也参加了该自费项目。对于商品质量问题,邵女士由于不能提供有力的证据,放弃了对商品质量的追究,但她坚持领队在自费项目推荐上存在过错。领队为了证明自己没有强迫邵女士参加自费项目,向同团其他游客取证。最后其他游客出具的书面证明内容为:"我们自愿参加黄色节目,领队和境外导游均没有强迫我们消费。"领队将该证明上交旅游管理部门,以此证明邵女士的指责缺乏依据。

评析

就目前出境旅游市场看,参加自费项目似乎已经成为游客的"必修课",尤其是东南亚旅游。在境外地陪向游客推荐自费项目时,领队有义务对自费项目的推荐进行监督,确保游客参加自费项目时享有人身安全、协商自愿、身心健康的权利。

首先,自费项目对游客人身财产安全必须不构成威胁。这其实不仅仅是对自费项目的要求,也是对旅行社提供的全部产品和服务的要求。只不过因为自费项目是游客到达旅游目的地后,由游客和地陪协商一致的成果,所以有些自费项目连组团出境社也无法实施适时的监控,领队的监管义务和作用必须得到充分的发挥和体现。

其次,地陪向游客推荐自费项目时,领队必须监督地陪的行为。假如地陪违反游客的意愿,强迫或者变相强迫游客参加自费项目,领队应当站稳立场,维护游客的权益。

再次,领队应当保证自费项目积极向上,娱乐游客的身心。本案例中领队取证行为的初衷,就是为了表明领队行为得当,但其他游客的证明,恰恰暴露了领队的问题:领队没有制止地陪向游客推荐色情节目的行为,违反了我国法律的规定。

对于领队没有制止地陪安排游客参加色情自费项目的行为,旅游管理部门将对领队做出行政处罚。按照《旅游法》的规定,旅行社违反本法规定,安排旅游者参观或者参与违反我国法律、法规和社会公德的项目或者活动的,由旅游主管部门责令改正,没收违法所得,责令停业整顿,并处二万元以上二十万元以下罚款;情节严重的,吊销旅行社业务经营许可证;对直接负责的主管人员和其他直接责任人员,处二千元以上二万元以下罚款,并暂扣或者吊销导游证、领队证。

48 领队在提供服务中的自我保护

案例

暑假期间,胡女士带着9岁的女儿出国旅游,该旅游团团员都是家长和未成年子女。在机场托运行李时,由于家长忙于照看自己的孩子,就把行李全部委托给领队,由她代为托运行李。领队办好行李托运后,将行李托运票据交给了胡女士等游客。旅游团到达目的地后,胡女士发现她的托运行李少了一件,幸好包内没有贵重物品,都是一些简单的日常用品。经过领队、航空公司等多方努力,但都没能找到这件行李,领队向胡女士道歉,胡女士也接受了道歉。在旅游期间,胡女士等几个朋友晚上要一块儿出去,请领队帮助看管一下4个小孩。领队觉得欠胡女士一份情,想趁机给胡女士一些弥补,于是就答应帮助照顾他们。领队在照顾的过程中,恰好地陪来找她商谈第二天的行程,胡女士的女儿的手被房门夹了一下,有轻微的伤害。胡女士见此大为不满,回国后到旅行社投诉领队,指责由于领队的不负责任,导致她行李丢失、女儿受伤,领队则感到很委屈,自己明明是助人为乐,反而被游客投诉。

评析

可以看出,这位领队的确较为热心,处处为游客着想,但结果并不理想。领队的委屈可以理解,但这一案例也提醒其他领队,在为游客提供服务时,服务不到位不行,服务过分也不行,要把握一个度,过犹不及。要恰如其分地把握好度,领队必须掌握相关的法律和服务标准。

首先,领队不可以为游客代办托运行李。根据《旅行社出境旅游服务质量》的要求,领队应积极为旅游团队办妥乘机和行李托运的有关手续。

也就是说，领队在办理游客行李托运时的职责，仅仅是为游客办理有关手续，行李应由游客自己交给机场行李托运部门。如果游客将行李交给领队代为办理托运，这相当于游客与领队之间形成了保管并委托合同关系。当游客声称行李内有物品丢失时，领队就难以撇清责任。

其次，领队不可以轻易承诺照顾未成年游客。领队承诺照顾未成年游客，就意味着在照顾期间，领队必须承担起监护义务。按照《民法通则》的规定，在委托监护的法律关系中，委托监护人确有过错的，应承担连带责任。也就是说，领队在照顾未成年游客时，没有认真履行监护职责，造成未成年游客人身或者财产损害的，领队要承担相应的法律责任。

因此，领队在履行职责时，既要为游客提供相关服务，得到游客的认可，同时又要提高自我保护意识，不要好心办坏事。

49 女领队遭遇性骚扰

▶ 案例

（一）

2007年8月某旅游团赴马尔代夫旅游。领队C小姐亲自去开行前说明会，给游客说明讲解行程和注意事项，并为全团游客发放旅行包。这时，一位男游客突然站起来，打断她的讲话，大声地冲着她说："领队小姐，这次旅游我爱人不去，我要与你睡一个房间！"与会者哄堂大笑。领队小姐没有理会，继续讲解有关注意事项。说明会即将结束时，这位男士又站起来说："领队小姐，你记住了吗？我要和你睡一个房间，我老婆、孩子都不去！"领队强忍着这种无耻恶语，态度严肃、声音凝重地说："这位叔叔，我告诉你，这次出国旅游我是领队，为大家服务是我的职责。您是客人，但是在人格上我们是平等的，尊重妇女是公民的道德，请您放明白一些……"此时，旅游团召集人站起来对该男子说："老X，你怎么这样讲话！"后来在整个行程中，领队依旧工作认真、服务到位，境外运行顺利。最后在"游客意见反馈表"上，绝大多数客人对她的评价不但打"优秀"，还写了一些表扬的评语。

（二）

2007年10月某旅游团一行20人（全是男性），向组团社提出要求派一名年轻、漂亮的女领队赴泰国一地游。领队 M 小姐一路上热心为大家服务。某晚，几位男客去酒吧要领队陪同前往，领队心存疑虑，又怕客人说她服务不周，只好勉强同去。席间，一位中年男客将手搭在她的肩上，讲话时脸部靠得很近，领队已感到他的举止不对，但不敢拒绝，怕惹出麻烦遭到投诉。之后的一天深夜，这位男客又打电话给领队，说他房间里的电热水壶坏了，让她把自己房间的热水壶拿到他的房间借用一下。几天来，这位男性客人的言行已经引起她的警觉，为谨慎起见，她去找服务员帮忙。但是由于语言不通，未果。于是只好把自己的拿去给他用。M 小姐忐忑不安地轻步走到客人的房间门口，见门没有完全关上，便轻轻地将门推开了一点儿，只见这位男客人一丝不挂地坐在床上。见此情景，她飞快地跑回自己的房间把门锁好。第二天，还得装作什么也没有发生，继续带领全团游览。

（三）

某出境旅行社组织了 50 多人的大团赴东南亚旅游，为了保证质量，除了派一名有经验的领队李先生之外，又派了一名年轻的女领队刘小姐。此刘姓领队在带团过程中打扮娇艳。由于气候炎热，她上着吊带宽松、低胸的背心，下着膝盖以上的短裙，显得非常活泼，风情万种。她在弯腰或坐着、蹲着时，总会不经意地暴露一些吸引男性眼球的性感部位。当地导游员推出一些晚间表演时，她也喜欢直接评论。某日，团队中一位男性游客与同团朋友商量，他自己单独住一间客房。该男性游客把自己的行李箱拿到领队刘小姐面前，把房间钥匙递给她说："把我的箱子拿到房间。"接着又低声对她说："晚上我和你住一起。"说完，不容刘小姐回答，转身就往外走，自称到外面办事。平时话多、活泼的刘小姐，被游客的话惊呆了，她匆匆找到李领队，惊慌失措地把事情讲了一遍。李领队诚恳地对她说："一路上，你的言行、打扮、举止都过于张扬，尤其是着装太过暴露，容易导致某些男客人想入非非。"最后，他们想了一个办法，把这位客人的行李寄存在总台，钥匙也放在总台，由李领队给他写了一条留言放在总台："先生，对不起，刘小姐到另外一个酒店探望一位生病的领队，晚上不回来了。"第二天，刘小姐直接去了机场与全团一道办理登机手续，那位先生一脸不高兴，但也无可奈何。

出境旅游领队工作案例解析

评析

放眼世界,女性受到性骚扰的案例不在少数,女领队在为游客提供服务时也在所难免。面对如此现状,女领队在为游客提供服务的同时,应当如何妥善化解矛盾,确保自身合法权益不受侵犯,成为解决问题的关键。

第一,领队人格不受侮辱。根据我国相关法律规定,领队和游客的法律地位平等,领队为游客提供服务,是其职责所在,但这并不意味着领队的人格就低人一等。《导游人员管理条例》第十条规定,导游人员进行导游活动时,其人格尊严应当受到尊重,其人身安全不受侵犯。导游人员有权拒绝旅游者提出的侮辱其人格尊严或者违反其职业道德的不合理要求。可见,领队拒绝游客的性骚扰有明确的法律规定。

第二,领队拒绝游客要讲究技巧。尽管法律为女领队拒绝游客的性骚扰提供了法律基础,但是,领队的职业特点决定了他们必须近距离为游客提供讲解等服务,给极少数有不良想法的游客提供了便利。因此,领队在服务过程中,必须特别留意对游客的观察,对那些游客保持必要的警惕。同时,在与游客的沟通过程中,既要义正词严、坚持原则,又要灵活机动、以理服人,争取大多数游客的理解和支持。

第三,领队的首要职责是服务。不论男性领队,还是女性领队,面对来自五湖四海的游客,他们的文化背景、性格和爱好各不相同,在带团过程中总会遇到这样或者那样的问题,但领队都必须认真对待,并加以解决。女领队遭遇性骚扰,是领队遇到的问题之一,并且仅仅是极少数游客所为,只要领队在注重策略的同时,为游客提供优质服务,就可以得到大多数游客的好评。

第四,女领队尤其要自重。领队的言行一方面代表公司形象,另一方面也代表领队个人的素养和审美倾向。在对客服务过程中,女领队不仅要为游客提供热情周到的服务,还应特别注意自己的穿着打扮和语言表达。穿着不能过于暴露,言语必须规范得体,免得引起极少数游客的误会,或者引起游客的反感。

第五,领队要做好引导工作。领队除了为游客提供服务外,还肩负着引导游客文明旅游、理性消费和维权的重任。目前,国家文明委和国家旅游局正在开展文明出游活动,领队应以此为契机,认真履行引导游客的职责,这样既可以普遍提高游客的文明程度,又可以减少旅途中可能产生的服务纠纷。

50 放弃的权利 不得要求赔偿

> **案例**

陈先生夫妇参加了某出境社组织的出国旅游团。领队在机场分发护照时发现陈先生的护照未在团队护照中,领队和旅行社联系后,得知护照被遗漏在旅行社。等旅行社派人把护照送到候机室,飞机已经起飞。当时由于陈先生无法出境,他的夫人也要求留下,尽管旅行社希望他夫人继续其行程,并承诺陈先生可以在第二天赶上团队,但遭到拒绝,陈先生夫妇同时滞留在机场。旅行社一方面妥善安排陈先生夫妇的住宿和餐饮,同时积极和有关部门协调,第二天飞往旅游目的地与团队会合。由于团队已经游览了一天,地接社愿意单独用小车送陈先生夫妇补上漏游的景点,陈先生明确表示由于身体的原因,只愿意随团旅游,不需要再补景点。游程结束后,陈先生夫妇要求该出境社赔偿景点的损失、缩短行程的损失共计1500元。

> **评析**

陈先生夫妇提出的赔偿请求是否合理,主要取决于旅行社及领队的操作是否规范;即使旅行社操作不规范,陈先生夫妇的赔偿请求是否有法律的支持。

首先,领队的操作存在不规范。《旅行社出境旅游服务质量》要求,领队出团前必须做好准备工作,出团前领队接收计调人员移交的出境旅游团队资料时应认真核对查验。出境旅游团队资料通常包括团队名单表、出入境登记卡、海关申报单、旅游证件(护照或者通行证)、旅游签证/签注、交通票据、接待计划书、联络通讯录等。这就要求领队在领取护照后、团队出发前,都应当对护照签证等相关资料进行全面检查,防止出现失误。从陈先生的护照被遗漏在旅行社的结果可以推断,领队并没有按规程操作,没有仔细检查甚至根本没有检查护照,导致了陈先生的滞留,领队应当承担全部责任。当然,旅行社计调人员的操作也不规范,而领队的核对是对计调操作的不足之处的最后把关。

其次,陈先生夫妇不得就放弃的权利再提出赔偿。按照《合同法》规定,旅行社违反合同约定后,应当承担包括继续履行、采取补救措施在内的违约责任。陈先生夫妇到达旅游目的地后,地陪与陈先生夫妇协商,希望能够单独为其提供服务,以降低晚到一天的损失,但旅行社行为被陈先生夫妇谢绝,陈先生夫妇就不能再次提出索赔请求。当然,领队应当要求地接社退还陈先生尚未发生的费用。

再次,领队应养成随时取证的习惯。领队没有请陈先生夫妇签字是造成投诉的诱因。当陈先生夫妇谢绝地陪的安排时,领队应要求陈先生夫妇签字。在要求签字的过程中必须注意策略,不是直截了当地告诉陈先生夫妇,取证就是为了防止他们反悔,而应告诉陈先生夫妇,这是在履行领队的工作职责。

51 出境游小费纠纷的处理

案例

张先生夫妇退休后,其子女为了体现孝心,为他们报名参加了某出境社的出境旅游团,费用由其子女支付,张先生夫妇兴高采烈地参加旅游团。在旅游团前往机场的途中,领队向每一位游客收取共计100元的小费,张先生夫妇对此提出疑问:他们的儿子已经向旅行社交纳了全额旅游费用,领队为什么还要收小费?小费的作用是什么?领队反复解释说明,说小费是作为对境外导游员等服务人员的服务奖励,于是张先生夫妇很不情愿地交了200元。在整个行程中,张先生夫妇觉得领队和地陪的服务一般,交了小费也没起什么作用。行程结束后,张先生夫妇要求领队把小费退还给他们,否则要向旅游管理部门投诉。

评析

对于国内旅游,我国的法律有明确规定。《导游人员管理条例》第15条规定:"导游人员不得以明示或者暗示的方式向游客索要小费。"此规定表明,导游人员以任何方式索要小费都属于违规行为,如果有游客举报,一经查实,旅游主管部门将对相关责任导游员做出严肃处理。而对于出境游客是否应当交纳小费,应当如何交纳小费,我国的法律没有明确规定。

根据国际惯例,国外导游员是自由职业者,没有固定收入,其主要收入之一是游客付给他们的小费。领队向出国游客收取一定数量的小费,就是代游客付给境外地接旅行社的导游等从业人员小费,以表示对他们辛勤劳

动的感谢。领队的行为本身无可厚非,但张先生夫妇的疑问是:

首先,领队计算收取小费的天数大于境外服务人员实际服务的天数,这样的收费不合理。因为第一天和第五天他们都在来回的航班上,地接社导游员等几乎没有为他们提供任何服务,这两天为何要给小费。其次,领队收取小费的时间欠妥。既然小费是对提供优质服务的人员表示谢意,那么小费应当在服务人员给予服务之后支付。而领队却是在出境途中按照每人每天定额收取,并不能真正体现支付小费的意义。再次,领队给付小费的方式欠佳。旅游行程中,领队会在一站游程将结束时,用一个信封把小费交给导游员。张先生夫妇怀疑,领队是否将收取的小费足额付给导游员,是否克扣了小费据为己有。

领队应当反思张先生夫妇提出的问题。面对游客提出的疑问,领队除了向游客耐心说明外,更应当督促境外服务人员为游客提供优质服务,让游客感到物有所值,心甘情愿支付小费,更不能克扣小费,损害境外服务人员的权益,影响其服务积极性,进而损害游客的正当权益。

52 领队必须正确理解自己的权利和义务

▶▶ 案例

某领队带团结束后,立即向领队部经理哭诉,说她在带团过程中所受到的委屈:在旅游团行进过程中,旅游团中的华先生为了争坐旅游车的第一排,和同团的另外一位游客发生了激烈的争吵,甚至发生了肢体冲突。在领队和同团游客的劝解下,游客之间才相安无事。但华先生却把对争吵者的愤怒发泄到领队身上,令她感到莫名其妙。就在结束行程时,由于旅游目的地突降暴雪,航班延误了4个小时,华先生等游客要求领队和机场交涉,必须按时起飞,当她向游客耐心解释时,性格暴躁的华先生鼓动同团游客辱骂她,说她根本没有起到领队的作用,在旅游途中和游客一样在游山玩水。华先生还扬言,等回国后要向旅游管理部门投诉,对她进行处罚。领队部经理了解事件真相后劝告她,不必和游客计较,这也是担任领队的必经阶段,随着知识和经验的不断积累,情况会得到不断改善。

评析

"客人是上帝"、"客人永远是对的"、"把道理让给客人"等教诲,是每一个旅行社从业人员耳熟能详的"金科玉律"。作为旅行社从业人员,尤其是领队,从跨入旅行社大门起,经常会接受各种各样的培训,他们听到最多的就是这些"金科玉律"。服务时间一长,尤其是和少数"不讲理"的游客正面交锋后,领队也许会对这些"金科玉律"产生怀疑,甚至把内心的反感付诸行动,引起服务纠纷。这些"金科玉律"的实质涉及了旅行社领队的权利义务。如何正确认识和理解领队的权利义务,对旅行社服务质量的稳定和提高至关重要。

首先,领队与游客法律地位平等。

(1)旅行社与游客之间的关系是民事法律关系。旅行社和游客之间表面上看是提供服务与接受服务的关系,其法律内涵则是民事法律关系。按一般的程序,游客来旅行社报名参加出国旅游团,交纳旅游团款,旅行社出具相应的服务单据,此时旅行社和游客之间建立了合法有效的服务合同,两者之间的民事法律关系得到确认。作为民事法律行为,其核心内容是权利和义务的统一,旅行社和游客必须共同遵守,不得出现违反约定和法律的行为。如果其中一方违反合同约定,不仅必须承担违约责任,还必须承担赔偿损失的责任。

(2)旅行社与游客的权利和义务互为表里。旅行社之所以愿意为游客提供服务,而游客之所以可以享受旅行社提供的服务,其实质是旅行社具有必须承担的义务,而游客拥有接受服务的权利。具体来说,旅行社具有收取游客旅游团款的权利,该价格本身应当是合法的,而且是明码标价。同时旅行社的义务是按照合同约定或者国家、行业标准,为游客提供服务,并且出具规范的服务单据。就游客而言,他的权利是按约定或者国家、行业标准获得相应的服务和享受,获得正规的服务单据,而他的义务是支付住宿等相关费用,并保证服务设施的完好无损。不难看出,旅行社和游客之间的权利和义务互为表里、互为依存,没有独立存在的权利和义务,离开了对方当事人,就无法确认所谓的权利和义务。

(3)我国《民法通则》规定,当事人在民事活动中地位平等。《合同法》在此基础上进一步规定:合同当事人的法律地位平等,一方不得将自己的意志强加给另一方,当事人应当遵循公平原则确定各方的权利和义务。这些法律中反复强调,在民事法律关系中,双方当事人的法律地位是平等的,应遵循公平原则来确定当事人双方的权利和义务。

在旅行社服务活动中,双方当事人就是旅行社和游客,其法律地位完全平等,服务的具体提供者为领队等从业人员。即旅行社领队等从业人员与游客的法律地位平等,不存在领队等从业人员与游客地位谁高谁低的问题。在签订旅游合同时,旅行社不能因为游客社会地位的高低,对游客的权利和义务过分让步;反之,游客也不能因为旅行社是服务企业,就对旅行社领队等从业人员横加指责。在履行旅游合同或承担违约责任过程中也是如此。总之,在旅游合同签订、履行、违约责任的承担等方面,都体现了旅行社及其从业人员与游客在法律地位上的平等。从这个意义上说,上述所谓的"金科玉律"的合理性值得进一步商榷。

其次,领队等从业人员在服务实践中必须履行相应义务。

虽然法律已经明确规定,领队和游客法律地位平等,但在旅游服务的实践中,领队仍然感觉到地位的"不平等",这是因为:

(1)我国法律固然对公民的权利和义务做出了明确规定,但是法律地位的平等,并不必然意味着权利的平等。法律上所说的平等更多的是指人格的平等和相对的平等,如果机械地理解平等有时就难以接受许多现实。同样,义务的承担也不会因为人格的平等就完全相同。法律所规定的平等,很大程度上说的是人格平等,而不是实体权利和义务的绝对平等。

(2)从上述旅行社和游客之间签订旅游服务合同的过程可以看出,旅行社已经收取了游客的旅游团款,这说明旅行社已经享受了法律规定的权利,根据权利和义务对等的原则,此时旅行社就必须履行提供服务的义务;而游客交纳了旅游团款,说明他们已经履行了义务,所以享受服务就是他们理应获得的权利。而旅行社服务的具体执行者是领队等从业人员,只要游客提出的服务要求不违反法律、法规和公序良俗,并且符合服务合同的约定,领队就没有权利拒绝。

(3)一些领队认为,领队也是人,法律都已经规定了法律地位的平等,那么,服务人员就可以处处和游客"平起平坐",少受窝囊气。然而从旅游服务的现实看,虽然服务人员的愿望可以理解,但在实际操作中难以实现。

旅行社提供的服务都是通过领队等从业人员的劳动实现的。应当特别强调的是,领队作为旅行社的代表,其行为不是个人行为,而是代表旅行社法人的职务行为。只要服务人员在岗工作,他的权利和义务就与旅行社的权利和义务息息相关,旅行社的权利和义务就是他的权利和义务。既然旅行社已经获得了权利,那么,服务人员此时应履行义务,而很少有享受的权利,这样的"不平等"和法律规定的平等不仅不矛盾,而且是权利和义务分配的充分和具体的反映，这也是由旅行社服务的特殊性所决定的。从这个意义上说，上述"金科玉律"有存在的理由。

(4) 假如旅行社给游客优惠，只收取全额旅游团款的七折，是否说明领队等从业人员的义务也随之降低呢？事实上，即使旅行社给予游客团款优惠，也无法说明在此情况下，领队等就可以减少服务义务。因为旅行社和游客就旅游团款的优惠支付达成了协议，这意味着旅行社放弃了一部分权利（收取全额的团款的权利），但在旅游服务合同中并没有约定旅行社提供的服务可以打折。所以，领队等并不能因此减轻对义务的履行力度。

再次，领队的个人权利如何得以保护。

既然如此，是否说明领队等从业人员在工作中，处于任人宰割的地位，丝毫没有办法保护自己的合法权利？答案显然是否定的。当游客提出的要求超出了服务合同的约定，或者其要求违反了法律法规的规定，或者其要求对领队的人身财产可能带来损害，领队等从业人员完全可以拒绝游客的要求。当然，如何拒绝游客的要求是对领队业务素质的考验。

总之，领队等从业人员对自己的权利和义务应当有清醒的认识，保持良好平稳的心态，不卑不亢，落落大方。不因法律地位的平等，就趾高气扬，忘乎所以；也不因必须履行服务义务就低三下四，唯唯诺诺，而应当以真诚和真心赢得游客的尊重。

53 领队应如何应对不可抗力

案例

杨先生等25名游客在领队的带领下，顺利完成了出境游的全部行程，他们到达机场准备回国，该国突然下起暴风雪，机场被迫关闭，飞机无法按计划起飞。领队和地陪在安慰游客的同时，焦急地打听飞机起飞时间。在等候了1个小时后，杨先生等游客出现了焦躁情绪，虽经领队一再安慰，但杨先生等几名游客开始抱怨，要求领队明确飞机起飞时间。2个小时后，机场明确告知，当天航班全部取消，改为第二天起飞。在杨先生等游客从机场返回住处的途中，地陪已经为游客联系好了住宿酒店和餐厅。领队向杨先生等游客收取住宿费用和餐饮费用，但杨先生等强调自己没有过错，他们是随旅行社出来旅游的，应当由旅行社为他们支付所有费用，并且要求旅行社承担误工费等损失，双方僵持不下。

评析

本案例较为典型地反映了不可抗力对出境旅游的影响。当不可抗力情况发生时，领队将面临一系列的问题，此时，身为领队必须沉着应对，妥善处理。

首先，领队应当正确理解不可抗力的含义。所谓不可抗力，就是指不能预见、不能避免并不能克服的客观情况。上述暴风雪就属于不可抗力的范畴。根据我国《合同法》的规定，因不可抗力不能履行合同的，根据不可抗力的影响，部分或者全部免除违约责任。具体到本案例，由于突然降临的暴风雪导致了航班取消，虽然旅行社不能按时结束旅游行程，仍然可以免除旅行社的违约责任。当然，领队或旅行社不能人为扩大不可抗力的范围。有些旅行社认为飞机机械故障、汽车抛锚、饭店取消预订的客房等都属于不可抗力，并且把这些内容纳入合同条款中，这是旅行社对不可抗力的误解，即使纳入书面合同，也并不能摆脱承担违约责任的命运。

其次，领队应在安慰游客的同时，向国内组团社及时报告。发生了不可抗力，领队必须做好相关安抚和沟通工作，及时了解进展，并向机场为游客争取利益，确保游客情绪稳定，得到必要的帮助，而不能以不可抗力是法定免责条款为由，对游客置之不理，敷衍了事。同时，领队应在第一时间向国内组团社报告和请示，接受旅行社负责人的指令，并严格执行。还应与地接社、地陪沟通，为安置游客做好准备，如预订客房、订餐等。

再次，领队可以向游客收取相关费用。按照《旅游法》的规定，由于不可抗力造成旅游者滞留的，旅行社应当采取相应的安置措施。因此增加的食宿费用，由旅游者承担；增加的返程费用，由旅行社与旅游者分担。

54 不可抗力发生后领队必须履行协助义务

案例

姚先生随某出境旅行社参加了出国旅游。就在旅游行程进行到第二天时，当地突然遭遇暴风雪，致使旅游行程难以继续。在等候天气好转期间，领队曾与姚先生等游客协商过如何尽快完成旅游行程顺利回国。然而，由于持续的恶劣天气，剩余的4个景点都无法游览，姚先生等游客只能在饭店内等待。等到应当

出境旅游领队工作案例解析

回国的日期,领队按照计划将旅游团带到机场准备回国。但由于天气仍没有好转,机场也没有开放的迹象,姚先生等开始抱怨,要求领队想办法让他们迅速回国,否则就要领队承担赔偿责任。领队向姚先生等耐心解释,但游客就是不能接受,最后威胁领队说,如果不能按时回国,领队必须承担所有责任。在愤怒和激动之余,姚先生甚至准备动手殴打领队,在其他游客的劝说下才罢手。所幸当晚机场开放,姚先生等乘机顺利返回,出境旅行社派专车到机场接站,避免了事态的进一步恶化。

评析

由于旅游团的自身特点,不可抗力可能发生在旅游行程中的不同阶段,并对领队和旅行社产生不同影响,领队和旅行社必须及时采取应对措施,将损失降低到最低限度,维护旅行社和游客的权益。

第一,旅游团出团前发生不可抗力的情况。

游客和旅行社的任何一方所在地发生了不可抗力,或者双方所在地同时发生了不可抗力,都有可能影响到旅游合同的履行。发生不可抗力的一方有义务通知对方,并在合理的期限内提供相关证明,尽可能减轻可能给对方造成的损失。此种情况发生时,具体处理办法之一:解除旅游合同。游客可以要求旅行社全额返还旅游团款,游客不得要求旅行社赔偿;旅行社不得扣除游客的团款,以弥补旅行社业务操作的损失。处理办法之二:重新签订旅游合同。游客与旅行社经过协商,或者推迟旅游行程日期,或者重新确定旅游线路、价格、时间,再组团旅游。这种情况,对游客和旅行社造成的损失最小,甚至没有实际损失。旅行社这样的操作方式,在《旅游法》中已有明确规定。

第二,旅游团准备出团时发生不可抗力的情况。

当游客按约定来到机场,不可抗力突然降临。假如不可抗力可以在短时间内消除,但对旅游行程有一定的影响。处理办法之一:解除旅游合同。任何一方不可以要求对方赔偿损失,或者承担违约责任。处理办法之二:等到不可抗力消除后,继续旅游行程。领队应当积极采取诸如提早出团等措施,尽可能弥补游客的损失,但游客不得要求旅行社赔偿"行程缩短"的损失。假如不可抗力在短时间内难以消除,旅游合同必须解除,那么,或者由旅行社返还全额团款,或者由旅行社与游客协商,重新签订旅游合同。这种情况,会给旅行社和游客带来一定的损失,如旅行社的业务操作费用、游客的交通费用等。

第三,旅游团行程中发生不可抗力的情况。

前两种情形较为简单,对游客和旅行社的损失相对较小,第三种情形对旅行社和游客来说都十分棘手,损失也较大。在旅游活动进行中,不可抗力的发生,不可避免地会阻断行程。当旅游团行程被阻断,游客和旅行社就不得不共同面对这样的事实:要么提早结束旅游行程,要么延长旅游行程。选择前者,就意味着游客必须放弃合同约定的某些服务项目,对游客来说无疑是一种损失;选择后者,则意味着游客和旅行社必须共同承担一些额外费用,对游客和旅行社来说都有损失。不论是选择前者还是后者,对游客和旅行社来说都是两难选择。假如由于不可抗力的影响延长了行程,游客可能会与领队纠缠,要求旅行社承担滞留期间的餐饮、住宿等额外费用。

第四,按照法律规定,不可抗力是法定解除旅游合同的条件,只要发生不可抗力,游客或者领队都可以提出解除合同。当旅游团队行程尚在进行中,领队是否可以解除旅游合同呢?若领队如此操作,似乎也符合法律规定。因为只要解除了旅游合同,就可以置整个旅游团队不理,领队立即得到解脱,也无须和游客为额外费用争执。但按照《合同法》的规定,在履行合同过程中,双方都必须承担相应的附随义务。根据旅游团队活动的特点,当不可抗力发生后,领队和旅行社的附随义务就是妥善安置旅游团,为旅游团提供力所能及的服务,协助游客尽快完成旅游行程,并顺利地带领旅游团回国。同时,领队还应当做好游客的安抚工作。

55 领队及时取证 确保旅行社胜诉

▶ 案例

应女士报名参加了某出境旅行社组织的东南亚旅游团。旅行中游客许女士发现随身携带的挎包中500美元不翼而飞。回想整个行程中挎包未离过身,只有应女士自愿帮忙背过,许女士决定到应女士房间向她问个明白。应女士听说许女士丢了500美元后,把所有行李物品倒出来,让许女士过目。之后许女士与应女士又一起把领队找来。许女士说:"应女士,你说过你以前出差是把钱放在贴身衣服里的。"一听此言,应女士马上脱了自己的衣服说:"给你们看,给你们看。"领队及时制止了应女士,又批评了许女士,并要求她在全团面前向应女士道歉。旅游途中,应女士一直情绪不稳定,鉴于这种情况,领队决定召集全团游客开协调会,许女士再次向应女士道歉,应女士也承认脱衣之举是自愿的,是为了表示清白。之后领队将事件经过写成书面材料,并让双方当事人和其他团员签字证明。回国后,应女士认为领队没有及时制止许女士的违法搜身行为,应该与许女士一起承担侵权责任。在协调未果的情况下,应女士向当地人民法院提起民事诉讼。最终法院依法驳回原告应女士对该出境社的所有诉讼请求。

评析

在带团出境旅游过程中,领队随时可能遇到许多棘手的问题,上述案例中的情形虽然较为罕见,但对于领队的法律意识和应变能力却是极大的考验。在所有的旅游纠纷中,游客通常都是要求旅行社承担违约责任或者侵权责任,而旅行社作为有限责任公司,其承担的法律责任也应当是有限责任,并不是所有的旅游损害都应当由旅行社(领队)承担。

仔细推敲该纠纷不难发现,应女士之所以会起诉旅行社和许女士,主要是因为应女士认为她所遭受的侵害和旅行社领队的服务直接相关,而事实并非如此。按照法律规定,不论是违约责任还是侵权责任,都必须强调行为与损害事实之间的因果关系,应女士所受到的损害,既不是领队违约造成的,更不是领队的直接侵权造成的,和旅行社领队的服务没有任何因果关系。造成应女士"脱衣搜身"情况的发生,是应女士在遭受许女士盘问后的自发行为,她的脱衣行为与许女士的盘问或许有一定的因果关系。如果应女士一定要追究责任的话,许女士更可能成为追究对象,而非旅行社和领队。更何况领队在境外就已经做了大量的协调工作,取得了旅游团全体团员的认可。

应当肯定的是,在纠纷发生后,该领队一方面做好协调安抚工作,稳定应女士和其他团员的情绪;另一方面,及时以书面形式获取证据,为后来取得诉讼的胜利奠定了基础,其应变能力及职业素质值得每一位领队学习和效仿。

工作规范篇

相对于个性化服务,旅行社及其领队为游客提供的规范化服务仅仅是最为基本的服务。旅行社提供规范化服务的首要条件,是旅行社必须建立完善的管理和服务制度,并且有符合本企业发展需要的服务流程,同时要求管理制度和服务流程能够贯彻于每一位从业人员的日常工作中。

而现在,许多旅行社虽有管理制度,但缺乏统一规范的服务流程,也因此规范服务仍然停留在口号层面。当旅游纠纷发生后,游客可能提出令旅行社难以接受的赔偿要求。但追根溯源,往往总是旅行社有错在先。如果旅行社提供规范的服务,旅游事故及投诉发生的概率也就会降低许多。因此,旅行社规范服务是避免旅游投诉发生、提升其服务品质的一个重要前提。

56 扩大的损失不得要求赔偿

案例

张先生携夫人和儿子3人参加了出境游旅游团,就在出团的当天上午,旅行社领队通知张先生,由于旅行社之前没有仔细核查,今天才发现张先生护照照片存在问题,所以张先生不能参加这次旅游。旅行社承诺将为张先生安排同样线路的旅游,时间由张先生自己决定,但他夫人和儿子应继续本次旅游行程。张先生听后很不满意,坚持要与家人一同出境,并登上了旅行社提供的前往机场的旅游车。旅行社一方面通知机场边防检查部门,同时劝说张先生放弃该行程,否则会引起严重后果。结果张先生被边防检查部门拒绝,他的家人也拒绝继续行程,在反复劝说无效的情况下,领队带领其他团员出境。见此情景,旅行社其他工作人员立即为张先生全家购买了长途车票,请张先生全家返回。张先生拒绝了旅行社安排,全家乘坐出租车返回家中,并要求旅行社承担全部责任。协商未果,张先生向人民法院提起诉讼,要求旅行社赔礼道歉,赔偿包括出租车费在内的各种损失共计9000元。法院判令旅行社全额退还张先生旅游费用2500元,并驳回了张先生其他诉讼请求。

评析

在旅游旺季,出境证件上的照片、姓名、性别、年龄等出错,是出境旅游业务中经常出现的问题。这些问题的发生,有些和旅行社提供的资料有关,有些和旅行社的工作没有直接的关系,但根据《合同法》的有关规定,最后的责任承担者都是旅行社。这就要求领队等相关人员强化责任心,仔细核查出境证件。领队直到出团前才发现,说明领队和旅行社计调人员的衔接存在疏漏。问题的关键是,当出现此类工作失误时,领队应当告知游客相关知识,陈述扩大损失的危害性,说服游客理性维权,避免由于游客的不理性,导致游客损失的进一步扩大。案例中领队的告知内容至少包括两个方面:

首先,张先生家人不可以拒绝出游机会。由于旅行社核查不严,导致张先生不能顺利出游,旅行社应当承担违约责任,而且旅行社也已经做出了明确的承诺。至于张先生被拒绝出境,是否必然导致他的家人也无法继续旅游行程,答案显然是否定的。虽然张先生全家是一个整体,但是在参加出游、获得旅游权利的民事法律关系中,仍然是相对独立的个体,并非密不可分的有机整体。当然,从情理上说,全家不能一起出游的确是一件憾事。

其次,扩大的损失应当由张先生全家自己承担。《合同法》规定,当事人一方违约后,对方应当采取适当措施防止损失的扩大。没有采取适当措施致使损失扩大的,不得就扩大的损失要求赔偿。也就是说,旅行社违约在先,但张先生全家不能人为扩大损失,否则将承担法律后果,案例中法院的判决就是很好的证明。

57 直飞改中转,游客是否有理由拒绝登机?

案例

31名游客远赴泰国普吉岛旅游,原定直飞返程。但由于航空公司取消直航包机航班,游客被要求中转返程。14名游客获得旅行社的补偿后转机回国,其余游客则拒绝登机在酒店大堂等了一夜。第二天,未随机返回的游客被告知,他们需要自己买票回国,然后再谈索赔事宜。在几经交涉未果的情况下,这些游客自费购买机票返程回国,他们表示将通过法律手段维护自己的权利。

评析

先来看下与本案例相关的法律法规:

(1)《合同法》第六十条规定,当事人应当按照约定全面履行自己的义务。当事人应当遵循诚实信用原则,根据合同的性质、目的和交易习惯履行通知、协助、保密等义务。

(2)《合同法》第一百一十九条规定,当事人一方违约后,对方应当采取适当措施防止损失的扩大;没有采取适当措施致使损失扩大的,不得就扩大的损失要求赔偿。当事人因防止损失扩大而支出的合理费用,由违约方承担。

针对本案例,我们可做如下方面分析:

(1)全面履行自己义务,是旅游合同当事人的共同义务。在旅游合同中,旅游合同的全面顺利履行,必须依赖旅行社和游客双方的努力,离开其中任何一方,旅游服务的提供和接受就不能达到预期的效果。

作为旅行社,主要的合同义务,是按照约定为游客提供服务,在服务过程中不欺诈、不降低服务档次和等级、不强迫购物和自费、不羞辱游客等。尤其是有违约行为时,旅行社必须积极面对,勇于承担违约责任,赔偿游客的实际损失。对于损害游客权益、但又缺乏明确赔偿规定的行为,旅行社除了赔礼道歉之外,必须向游客作出补偿,以弥补游客的损失。

作为游客,除了向旅行社履行交纳旅游团款义务外,在接受旅行社提供的服务时,还必须履行准时接受合同约定的服务,比如按时到达集合地点,履行相关的协助义务。对于交纳旅游团款等主要义务,游客通常能够积极履行,但不少游客对于及时接受服务、协助旅行社提供服务等附随义务,向来不以为然,并不把这些义务当回事。所以,游客在行程中缺乏团队协作意识,经常迟到、不听从领队导游的安排,也就不足为奇了。

(2)旅行社的直飞改中转属于违约行为。

按照合同约定,旅行社应当组织游客乘坐航班直接返回,而实际情况是直飞航班取消,游客就不得不中转返程了。由于旅行社安排的航班是包机,包机不属于公共交通范畴,包机的取消或者延误,给游客造成损失或不便,其后果都必须由旅行社来承担。

在通常情况下,虽然航班中转也能安全返程,也不一定会给游客带来实际损失,但中转给游客带来的不便、疲惫及返程时间的延长,却是一个不争的事实。所以,航班中转的违约性质十分明确,但无法根据某个规定,计算出游客的损失。而且,游客也不可能事先和旅行社约定直飞航班改为中转航班的违约金。所以,当出现上述案例中航班变化时,旅行社应当在和游客协商的基础上,给游客作出合理的补偿,及时处理纠纷。

(3)航班改变与滞留不归之间的关系。

旅行社改变航班,其违约的性质十分明确,旅行社必须为此承担违约责任,但这是否意味着旅行社必须承担无限的责任? 同时是否还意味着和游客的滞留不归存在因果关系?

按照我国的法律规定,旅行社违约和游客滞留不归是两个不同的法律关系。虽然两者都属于违约行为,但前者违反义务的主体是旅行社,违反的是合同的主义务;后者违反义务的主体则是游客,游客违反的是合同的附随义务。从表面上看,好像没有旅行社的违约,就不会出现后者的违约,这是游客的观点;但从法律规定看,两者之间不存在任何因果关系。因为两者之间是各自独立的法律关系,也就是说,旅行社的违约和游客的违约之间没有关联性。

(4)旅行社是否可以要求滞留游客自己购买返程机票?

由于游客拒绝按时登机(中转航班),造成了游客自己的滞留,游客的行为造成了额外的经济损失,也即人为扩大了损失。按照法律规定,人为扩大的损失,应当由损失扩大者承担。在上述案例中,扩大的损失正是由滞留游客造成的,旅行社要求滞留游客自己购买返程机票,符合法律规定,也无可指责。

如果游客不愿意支付返程机票款,旅行社仍然不可以置游客于不理。因为旅行社对于游客负有安保义务,只要游客坚持不愿意支付,旅行社还是必须垫付返程机票款,尽早帮助游客返回。返程后,旅行社可以要求游客返还机票款,因为不能把违约和滞留混为一谈,法律的确是这样规定的,但在实务中,旅行社要求游客返还机票款能否成功依然令人怀疑。

58 游客的过失不能减轻旅行社的责任

案例

郭女士和她女儿准备参加3月21日的出境旅游团,2月1日向旅行社业务员(领队)交纳了旅游费用,并提交了两本护照。业务员(领队)接过护照后未经检查便直接交给了办理签证的业务人员,签证被顺利办好。3月21日,郭女士如期参加了旅游团,到达旅游目的地边境时被拒绝入境,理由是郭女士和她女儿的护照有效期至当年的3月15日,领队对郭女士母女稍加安抚后,带领其他游客继续旅游行程。郭女士和她女儿只能十分失望地乘坐飞机回到家中,然后向旅行社索赔,理由是旅行社作为专业提供出境游服务的机构,应当事先对护照进行检查,对于护照过期导致的行程受阻承担赔偿责任。而旅行社则认为,虽然旅行社疏于检查,但护照是游客自己提供的,和旅行社没有关系。双方争执不下,最后求助旅游管理部门协调。

评析

在出境游服务中,由于计调人员和领队之间的衔接有漏洞,导致游客护照、签证、机票、姓名等出错的情况屡屡发生。这凸显旅行社的服务流程亟待规范,旅行社和从业人员应当从中吸取教训,并从制度和规程上着手,降低旅行社服务风险。

首先,领队必须把服务规范落实到位。国家旅游局出台的《旅行社出境旅游服务质量》明确规定,营业人员必须认真审验游客提交的资料物品,对不适用或不符合要求的资料物品应及时向游客退换,组团社应按照合同约定协助游客办理出境旅游证件。游客已取得的旅游证件,组团社应认真查验其有效期并妥善保管,以确保证件在受控状态下交接和使用。虽然这些规范早已出台,但许多旅行社并没有将规范落实到服务实践中,案例中的领队收到护照后也不进行检查,没有及时发现问题所在。

其次,领队等从业人员必须熟悉旅游目的地国家的相关规定。通常情况下,许多外国政府规定,申请办理签证的护照必须在护照有效期前6个月,否则外国使领馆将拒绝给予签证。类似的规定在出境游中比比皆是(有些还是口头要求),如出国旅游必须"团进团出",即游客的活动必须以团队为单位,非经事先批准不可以分团活动等。如果领队等从业人员不熟悉这些规定,将会产生意想不到的后果。

再次,在本案例中,郭女士自身也存在明显的过失。因为按照正常的出团计划,当郭女士出境旅游时,她们的护照均已过期,郭女士和她女儿作为完全民事行为能力人,对于旅游受阻也必须承担相应的责任。最终经过协商,旅行社和郭女士各承担50%的责任。

59 定金和预付款具有不同的法律后果

》案例

田先生与某出境旅行社签订了出国六日游合同。合同约定:旅游团将于25日后飞往旅游目的地,旅游费用每人6000元,先交纳定金3000元,用于办理签证和订购机票等费用支出,余款在旅行社取得机票时全部付清。合同订立后,田先生交付了3000元,旅行社随之开具了"定金"发票。就在旅游团出团前10天,田先生所在单位突然委派他到外地出差一个月,不可能按原计划参团出游,故提出解除所签订的旅游合同,并要求退还已交付的费用3000元。旅行社称其交付的费用已用于办理签证和购买机票。田先生要求旅行社提供有关凭证。如果的确已花费,同意合理扣除,但应退还余款。旅行社则认为,田某交付的3000元是定金,旅行社可以全额没收。双方都难以说服对方,最后只得请求旅游管理部门出面协调。

评析

在旅游服务中，旅行社出具的收费凭证大致可以分为旅游团款、订金、预付款、定金等类型，按照其性质和功能的不同，可将此四类凭证归纳为两大类：旅游团款、订金、预付款为一类，定金为另一类。

首先，两类收费凭证法律后果不同。

按照《担保法》的规定，当事人可以约定一方向对方给付定金作为债权的担保。债务人履行债务后，定金应当抵作价款或者收回。给付定金的一方不履行约定的债务的，无权要求返还定金；收受定金的一方不履行约定的债务的，应当双倍返还定金。而《消费者权益保护法》规定："经营者以预收款方式提供商品或者服务的，应当按照约定提供。未按照约定提供的，应当按照消费者的要求履行约定或者退回预付款；并应当承担预付款的利息、消费者必须支付的合理费用。"按照上述规定，当田先生交纳定金后又放弃旅游计划时，旅行社可以没收田先生交付的定金，而且不需要提供损失证明。如果田先生交纳的是预付款，旅行社只能按照旅行社的实际损失，要求田先生承担赔偿责任，同时还可以向田先生主张违约责任，并返还剩余费用。

其次，法律对定金的限额规定。

既然《担保法》已经规定旅行社可以没收田先生交纳的定金，那么旅行社是否可以将田先生交纳的3000元定金全部没收。《担保法》规定，定金的数额由当事人约定，但不得超过主合同标的额的20%。也就是说，田先生交纳的3000元定金中，只有1200元是定金，其余的应当属于预付款范畴。旅行社可以没收1200元，同时可以向田先生收取实际损失，但剩余部分必须返还给田先生，同时不可以再向田先生主张违约责任。

60 违约责任承担的法与情

案例

"五一"黄金周前夕，某出境旅行社和张先生、李先生两家共12人签订了去国外度假的旅游合同。旅游合同签订后，旅行社和游客各自进行准备工作。就在出团前两天，张先生家发生了车祸，死亡1人，受伤3人。张先生要求取消旅游行程,解除旅游合同,并愿意按照合同约定承担违约责任。考虑到张先生家的不幸,出境旅行社没有收取张先生一家的违约金,全额返还旅游团款。由于张先生一家与旅行社解除了旅游合同,旅游团队人数不足,该出境旅行社无法从航空公司拿到原有的优惠机票,就将实情告知李先生,并通知他们取消旅游行程,希望李先生也不追究旅行社的违约责任。李先生则坚持要如期完成旅游行程,否则将要求旅行社赔偿违约金共计2600元。在双方协商不成的情况下,李先生向旅游管理部门投诉,要求旅行社承担责任。

评析

根据《合同法》的规定,旅游合同签订后,必须得到遵守,并全面履行。任何一方不得轻易违反合同约定或者解除合同,否则就必须承担违约责任。因此,不论是旅行社,还是张先生、李先生的家人,都应当按照诚实信用原则,积极妥善地履行合同,在获取权利的同时,主动承担相应的义务。

首先,在游客和旅行社协商一致的前提下,旅游合同可以解除。张先生的家庭变故,导致其旅游合同无法履行。尽管如此,从法律的角度说,张先生应当按照合同约定,赔偿旅行社违约金,旅行社也有权利收取违约金,其行为并无不妥;从人情的角度说,旅行社出于人道主义,不收张先生的违约金,其行为值得称道。

其次,旅行社必须承担向李先生支付违约金的义务。在签订旅游合同时,张先生、李先生已经向旅行社交纳了全额团款,旅行社也已经接受了团款,在旅行社和张先生、李先生的债权债务关系中,张先生、李先生分别是旅游合同的债权人,而旅行社是债务人。法律规定,权利是可以放弃的,而义务则必须履行。就违约事件而言,相对于张先生来说,旅行社是债权人,而对李先生而言,旅行社是债务人。也就是说,旅行社按合同约定,向张先生主张违约金是旅行社的合法权利。但既然旅行社愿意放弃处分权,其行为应得到尊重。就李先生而言,旅行社既然承担违约责任,就必须按约定履行义务,向李先生支付2600元违约金。旅行社放弃收取张先生违约金的权利,并不必然导致李先生放弃向旅行社索要违约金,两者没有因果关系。

61 旅行社如何向游客收取违约金

案例

申先生和出境旅行社签订出国旅游合同不久,被公司委派去外地担任办事处主任,由于刚刚接手新的岗位,申先生只得向出境旅行社提出取消旅游行程。旅行社明确告诉申先生,由于旅行社的机票尚未完全落实,旅行社不再为其预订机票,所以也不向游客收取相关操作损失费用,但申先生必须按照合同约定,支付总团款5%的违约金计550元。由于申先生是朋友介绍给旅行社业务员的,双方之前约定等行程结束后再支付旅游团款。所以,当旅行社要求申先生承担违约责任时,实际上就是要申先生支付给旅行社550元现金,但结果旅行社的要求被申先生拒绝。申先生声称,如果旅行社希望得到违约金,只有上法院去告他,他等着法院的判决。经过几次催讨之后,旅行社最终放弃了要求申先生赔偿违约金的念头。

评析

在旅游实务中,由于旅行社或者游客主观和客观原因,导致旅行社无法组团成行,终止旅游合同的现象时常发生。按照法律规定,只要没有不可抗力的发生,旅行社和游客任何一方提出终止旅游合同的行为,均属于擅自违反合同约定,其后果必然是承担违约责任,而支付违约金是承担违约责任的方式之一。在确定违约金金额的过程中,旅行社应当掌握以下基本原则:

首先,违约金由游客与旅行社协商确定。由于违约金并不以一方当事人的违约行为给对方造成直接经济损失为前提,违约金数量的多少很大程度上取决于旅行社和游客双方的协商。根据合同自由原则,只要旅行社和游客双方协商,双方约定的违约金数量就应当得到遵守。

其次,违约金的数额应事先确定。在旅游团队出团前,旅行社应当与游客签订书面旅游合同,由于旅游服务要素构成的多样性和复杂性,旅游合同应当就各个服务要素进行约定。在旅游合同履行前确认违约金的数额,有利于旅行社和游客双方共同遵守旅游合同的约定,促使旅游合同的顺利履行。

再次,违约金生效的前提是发生了违约行为。只有当旅行社或者游客产生了违约行为,违约金才自动发挥制裁作用,保护对方的合法权益。

在实践中,假如旅行社违约,游客要求违约金的愿望基本能实现;而当游客违约,旅行社向游客收取违约金的过程则较为艰难。为了防止旅行社难以收取违约金现象的发生,办法之一就是旅行社应当尽可能在出团前收到旅游团款,即便是部分团款,也有利于掌握处理纠纷的主动性。

62 领队与游客拼住客房的纠纷

案例

钱小姐随团参加了出境旅游,在机场准备登机时,领队(女性)和钱小姐商量,由于旅行社没有为她安排客房,在出境旅游期间,她将住在钱小姐和另一位女性游客的房间内,加床拼住客房。钱小姐听完领队的说明后,明确表示拒绝领队住到她的客房内。到达旅游目的地,领队为旅游团分配好客房后,随钱小姐来到她的客房,经领队的再三请求和说明,钱小姐勉强同意了领队的要求,但只答应领队在她客房内住2个晚上,而不是4个晚上。但后来的实际情况是,领队一直和钱小姐同住一个客房,因为同团其他客房要么是一家人入住,要么均为男性入住。行程结束后,钱小姐要求领队给予补偿,协商不成转而投诉。领队和旅行社的解释是,目前领队和游客拼住是出境旅游的"行规",旅行社不会为此承担任何责任。

评析

领队拼住游客客房,是近年来出现的新情况。主要是由于旅行社的价格竞争,直接导致旅行社利润的下降,旅行社为了维持一定的利润率,想方设法降低成本,办法之一就是不再为领队的住宿承担费用,而由领队自行解决。而领队为了节约开支,尽可能不自费入住,而是和旅游团成员协商,与他们拼住。这一现象也反映出目前部分领队的艰难的生存状态。旅行社如何操作由旅行社自行决定,属于旅行社的内部管理,但由于该操作损害了游客的权益,就不再是旅行社的内部管理那么简单了。

首先,行规不是法规。领队和旅行社均强调,领队与游客拼房是旅行社的行规,不论该观点是否属实,但有一点必须明确,即使所谓的行规存在,也必须符合法律法规的规定，而不得与法律法规抵触。而事实上，旅游行业的法律法规对此都没有规定，而且从实践中看，领队与游客拼住损害了游客使用权等相关权益。

其次，客房的使用权归游客所有。旅游饭店客房的所有权归属饭店，而当游客入住客房后，其使用权归属于游客，游客在入住客房期间，除了服务员清理客房外，非经游客的同意，一般情况下任何人不得进入客房。同时，本案例中游客向旅行社购买的客房是双人标准间，而不是三人间。游客入住后，可以拒绝其他人员进入客房，领队也不例外。

再次，领队拼住应征得游客的同意。既然领队与游客拼住客房在所难免，作为领队，首先必须与游客协商，以服务和诚意打动和说服客人，取得游客的同情和理解，不得强行入住游客客房。同时，领队入住后必须把客房设施的使用优先权让给游客，而不是和游客争抢服务设施，影响游客的正常起居，并且应在可能的范围内，给予游客适当的补助，以平衡其权益。

63 旅行社是否可以拒绝游客参游

》案例

范先生准备出国旅游，根据报纸上登载的广告，与某出境旅行社协商签订了一份旅游合同。合同约定，范先生在出团前1个月全额支付旅游团款1.1万元，同时支付出境游保证金担保费5万元（按期返回退还）。范先生按合同约定的期限支付了旅游团款1.1万元，但提出免除保证金，旅行社业务员（领队）未予同意；于是范先生又提出是否可交支票抵押，旅行社予以认可。经旅行社业务员多次催促，范先生才于出团前2天交给旅行社一张5000元的支票。次日上午，当地银行通知旅行社，该支票为空头支票，不予兑现。业务员再次向范先生提出支付保证金的要求，范先生书面明确表示不同意支付保证金。于是旅行社扣除相关已经发生的费用，将剩余的4500元团款退还给范先生，并取消了范先生的出境旅游行程。范先生则要求旅行社退还全部费用，并承担违约责任。经多次协商破裂，最后双方请旅游管理部门予以裁决。

评析

在对散客的销售中,出境游保证金的收取存在一定的难度,旅行社和游客经常会因保证金收取的数额、时间、方式等发生分歧,导致服务纠纷的发生。那么,当合同已经约定必须交纳保证金,而游客拒绝交纳保证金时,旅行社业务员(领队)是否可以拒绝游客参加旅游团呢?

首先,双方必须善意履行合同义务。旅游合同签订后,双方都应当本着诚信原则履行旅游合同义务。就本案例而言,旅行社的主要义务是为范先生提供约定的服务,包括办理出境游相关手续,及提供境外的服务;而范先生的主要义务是向旅行社支付旅游团款,并向旅行社支付保证金,两者缺一不可。由于范先生没有按时支付保证金,且书面明确表示不交纳保证金,即范先生没有按照合同约定履行义务,违约行为特征十分明显,旅行社可以按照合同约定要求范先生为其行为承担责任。

其次,按照《合同法》第 67 条规定:"当事人互负债务,有先后履行顺序,先履行一方未履行的,后履行一方有权拒绝其履行要求。先履行一方履行债务不符合约定的,后履行一方有权拒绝其相应的履行要求。"按照此项规定,当旅行社和游客约定了提供服务和支付费用的时间后,如果旅行社以行为和语言明确表示不为游客提供服务时,或者游客不能按时交纳旅游费用时,遵守合同约定的一方就有权利拒绝履行合同义务。本案例中,旅行社为了确保交易安全,依法行使法律赋予的权利,拒绝范先生出国的行为符合法律规定,对此不应承担责任。

64 特殊群体收费纠纷的解决

案例

某实验学校老师及家属共 42 人与某出境旅行社签订了为期五天的出境旅游合同,业务员(领队)提前告知老师们,由于组团成本低,旅游目的地旅行社要求对教师等特殊群体每人额外加收 300 元团款,否则将拒绝接待。经过协商领队与老师们达成协议,老师们在整个行程中隐瞒身份,一旦被境外地陪发现真实身份,老师们将补足差价 300 元。在游览过程中,地陪证实了该团为老师团,并要求老师们补足差价,老师们拒绝了地陪的要求,之后领队也出面要求老师们按照出团前的约定履行义务,双方僵持不下。地陪声称如果老师不补足差价,将不再为游客提供服务,最后老师们交纳了差价。回国后老师们立即向旅游管理部门投诉,认为是领队和地陪联合,强迫他们交纳对老师的歧视性费用,对老师们不公平,要求领队退还每人300元的教师差别费。

评析

出境旅行社为了争取客源,普遍采用低价竞争的手段,以较低的直观价格吸引游客。与此同时,旅行社为了确保一定的利润,针对儿童、老年人、教师等不同的特殊旅游群体,在原有旅游团队价格的基础上,适当加收一定费用。理由是这些特殊群体消费能力较低,如果旅行社不额外加收这些费用,旅行社将亏本。出境旅行社强调,这些费用也只是代境外地接社收取,并没有从中获利。实验学校的老师们提出退还每人300元的要求是否合理,取决于旅行社的收费行为是否有法律依据。

首先,旅游合同受到法律保护。领队与老师们在签订旅游合同过程中,在双方充分表达自己愿望并协商的基础上,就双方的权利义务达成了协议,该合同应当受到法律的保护。

根据我国《价格法》等法律规定,出境旅行社在向游客收取各项服务费用时,必须履行告知义务,明码标价,不得欺骗游客,也不得强迫游客,确保游客明明白白消费。

其次,《旅行社条例实施细则》规定,同一旅游团队中,旅行社不得由于下列因素,提出与其他旅游者不同的合同事项:旅游者存在的年龄或者职业上的差异。但旅行社提供了与其他旅游者相比更多的服务,或者旅游者主动要求的除外。从本案例中看,显然对于教师的职业差异有歧视性的约定,这样的约定应当被认定无效。

再次,《最高人民法院关于审理旅游纠纷案件适用法律若干问题的规定》明确规定,旅游者要求旅游经营者返还下列费用的,人民法院应予支持:在同一旅游行程中,旅游经营者提供相同服务,因旅游者的年龄、职业等差异而增收的费用。因此,旅行社收取教师差别费没有法律依据,应当全额退还给教师。

65 旅游合同转让中存在的纠纷

案例

（一）

某出境旅行社和王先生签订了出国旅游合同，王先生按照约定交纳了全额团费。旅游合同签订后，由于出境旅行社未能招徕到足够的游客，擅自将王先生转让给其他出境旅行社。当王先生到达机场后，经过多方寻找和联系，才知道签约出境旅行社已经将自己转让给了其他出境旅行社。由于王先生已经安排好了工作，不得不继续参加旅游行程。旅游行程结束后，王先生向旅游管理部门投诉。

（二）

游客张先生和某国际旅行社签订了出境游旅游合同。由于有重要客户需要接待，张先生无法按约前往旅游。根据合同约定，假如张先生就此放弃旅游，损失会很大。于是张先生向旅行社提出，由张先生的朋友李先生顶替该名额。但由于时间紧迫，无法及时办理护照、签证等相关手续，旅行社拒绝了张先生的要求。在协商未果的情况下，张先生向旅游管理部门投诉。

评析

所谓旅游合同的转让，是指游客或旅行社依法将旅游合同的权利、义务全部转让给第三人。当旅游合同签订后，旅行社无法按时成团，或者游客不能按约随团旅游时，不论是旅行社还是游客，为了规避风险，通常都会采取合同转让的方式，尽可能地减少违约带来的经济损失。旅游合同的转让包括旅行社的转让和游客的转让，而"第三人"则包括接受转让的旅行社和其他游客。旅游合同转让包含以下含义：

首先，旅游合同可以转让。根据我国《合同法》规定，合同双方当事人在协商一致的基础上，可以就合同的任何事项进行约定和变更，这自然包括合同的转让。当然，合同双方当事人的约定不得违反国家法律法规的强制性规定。在上述案例中，之所以出现了合同纠纷，主要原因是旅行社在转让时有违规行为。

其次,旅行社和游客转让的权利和义务不同。在旅游合同中,旅行社具有的权利是向游客收取旅游团款,必须承担的义务是按约向游客提供服务;游客的义务是向旅行社支付旅游团款,其权利是享受旅行社提供的各种服务。在旅行社的操作程序中,当旅游合同签订完毕,游客向旅行社支付了足额的团款,也就意味着游客已经履行了合同义务,同时拥有了按约得到服务的权利;与此相对,旅行社接受了旅游费用,这就表明旅行社已经行使了合同权利,必须履行为游客提供服务的合同义务。简而言之,在旅游合同的法律关系中,游客是该旅游合同的债权人,旅行社则是旅游合同的债务人。因此,旅行社所能够转让的是旅游合同的义务,而不是旅游合同的权利,即签约旅行社把服务义务转让给其他旅行社,案例一为此类型。而游客可以转让的是旅游权利,即把按约应当享受的服务权利转让给其他公民,案例二为此类型。

再次,旅游合同转让的具体规则。根据《合同法》规定,合同权利义务的转让,必须遵循以下原则:(1)合同转让后合同主体发生变化。(2)合同的转让并不改变合同原有的权利义务内容。(3)合同债务的转让必须取得债权人的同意。(4)债权人转让权利应当通知债务人。未经通知,该转让对债务人不发生效力。

由于债权人和债务人在合同中的权利不尽相同,虽然债权人和债务人都必须履行一定的义务,但《合同法》对他们在转让权利和义务时的要求有质的不同。债权人对自己的债权具有处分权,债权人对债权的处理具有决定权。因为在通常情况下,是由债权人还是第三人来享受合同权利,对债务人履行债务并没有什么影响,作为债权人的游客在转让旅游权利时,通知作为债务人的旅行社即可。相反,作为债务人的旅行社对义务的履行,则直接关系到作为债权人的游客其合法权益的取得,如果旅行社将合同义务随意转让给其他旅行社,就存在游客权益难以得到保障的可能,使游客合法利益的取得受到威胁。在旅行社操作实务中,所谓的"并团"就是不规范转让合同义务的具体表现。总之,旅行社转让义务应当取得游客的同意,而不仅仅是通知游客。《旅游法》中也有类似规定。

由于债权人转让权利,只需要通知债务人即可,所以案例二中出现的纠纷从理论上说非常容易解决,张先生只要通知出境旅行社,自己的合同权利已经转让给了李先生,出境旅行社就必须无条件接受,不得以任何理由加以拒绝。假如旅行社不接受张先生的通知,就意味着旅行社违反《合同法》,张先生的投诉也就顺理成章了。

尽管《合同法》对合同权利转让做出了明确的规定,但由于旅游合同的

特殊性,经常会遇到一些障碍,游客虽然已经履行了告知义务,但游客的权利转让仍然存在障碍:

情形一,游客权利的转让可能会增加费用。旅游合同的特殊性可能要求第三人增加旅游费用,否则转让就难以达成。如男性债权人将权利转让给女性第三人,恰好旅游团因此产生了自然单间,而第三人(替代游客)又拒绝承担单间房差。

情形二,游客权利的转让有时无法实施。旅行社的操作往往需要一个过程,某些服务环节不可变更,导致事实上权利无法转让。如游客把出游权转让给第三人,第三人不能享受转让的机位,只能重新购票。即使第三人愿意另行购票,在旅游旺季也未必能如愿以偿。

为了解决游客转让利用权,《旅游法》规定,旅游行程开始前,旅游者可以将包价旅游合同中自身的权利义务转让给第三人,旅行社没有正当理由的不得拒绝,因此增加的费用由旅游者和第三人承担。

66 旅行社约定饭店标准时存在的问题

》案例

许先生全家5人参加了某出境旅行社组织的出国旅游,抵达旅游目的地的第一天,许先生就觉得入住的客房离他的期望值较远,于是拿出旅游合同加以对照。旅游合同对住宿饭店的约定是:全程住四星级标准饭店。许先生对于饭店业略知一二,总觉得旅游合同对饭店的约定存在问题。旅游行程结束后,许先生到旅行社要求旅行社对所谓的"四星级标准"做出明确的解释。旅行社对此的解释是,由于该旅游目的地没有实施星级饭店评审体系,当地旅行社普遍把有游泳池、有一定客房数量规模、且设施设备较为完善的饭店认定为四星级饭店,但不能出示权威机构的认证证明。许先生对这样的解释表示不满,要求旅行社按照合同约定承担违约责任,经过多次协商,旅行社和许先生达成了赔偿协议。

评析

旅游饭店是否达到标准，往往成为旅游投诉热点。究其根源，在于旅游合同对饭店的约定存在盲点，即旅行社在提供格式合同和游客接受合同时信息的获取不对称，旅游合同没有完全体现公平、诚信原则，导致了游客权益受损。

首先，旅游合同对饭店标准的约定普遍不规范。从目前通行的旅游合同看，不论是出境旅游，还是国内旅游，旅游合同关于旅游饭店的约定，不外乎以下四种类型：第一，明确约定住某某饭店，并说明是否有星级，是几星级；第二，只说明住的是几星级；第三，指定某某饭店或同级；第四，住几星级标准的饭店，或住按几星级标准建造的饭店。除了第一种约定类型规范外，剩余几种约定类型都不确定，闪烁其词，含混不清，甚至是违反了有关规定。

其次，这样的约定易失公平。在后三种合同约定中，旅行社拥有很大的自主选择权，既可以安排游客住某饭店，也可以根据实际需要，把团队安排在另外一家所谓的"同级"饭店。虽然似乎已经明确约定了入住的饭店，但旅行社可以随意地变更饭店，并且名正言顺，而游客的选择权和知情权受到了严重的限制，只能按照旅行社安排的饭店入住，游客完全没有选择余地，只有被动地接受。《合同法》公平原则要求，要么旅行社与游客拥有平等的选择权，要么选择权受到同等的限制。而现行的约定刚好相反，旅行社拥有绝对的选择权，而游客没有丝毫的选择权，旅行社和游客权利义务不对等。

当然，旅行社在与游客约定饭店住宿标准时，也有一定困惑。由于星级饭店评审制度并没有覆盖全球，某些国家和地区不实行星级评审制度，因此旅行社在推荐住宿饭店时，很难找到恰当的词语来描述游客所要住宿饭店的标准。尽管如此，这样的现状也不能成为旅行社使用不规范用语的借口。

67 豪华游广告引起的纠纷

案例

在春节黄金周期间，由于受某出境旅行社旅游广告的影响，尹女士决定参加某出境旅行社组团的出境旅游。旅游广告宣称组团标准有豪华A等、豪华B等旅游团及普通等旅游团，每人的价格分别是5800元、3800元和2500元。

游客尹女士根据自己的需要,选择了豪华B等旅游团,并交纳了旅游团款。书面旅游合同约定,旅游团在境外期间,将享受豪华团服务,全程由豪华空调大巴接送,住四星级饭店。但在实际履行合同中,尹女士得到的住宿服务是:三个晚上住三星级饭店,甚至有一个晚上住的四星级饭店,她所住的客房没有窗户;在景点旅游时,尹女士乘坐的车辆均为当地景点提供的普通中巴车,并且没有座位。尹女士认为旅行社提供的服务不仅不豪华,而且连合同约定的服务都尚未达到,在和旅行社协商未果的情况下,游客向人民法院提起诉讼,要求旅行社退还全额旅游团款。

评析

旅游广告中经常出现"豪华团"、"豪华飞机"、"豪华大巴"、"高档酒店"、"贵宾宴请"等含糊其辞的用语。这样的广告用语在招徕游客过程中的确起到了一定的作用,游客也会被这些华丽的辞藻所吸引,但等到游客实际参加了旅游活动后,自我感觉该旅游行程并不如广告所描绘的那样,就要求旅行社给予解释。这些华丽的辞藻常常成为旅游投诉的焦点。

首先,关于豪华旅游团的定义,旅行社圈内有一种代表性说法。何谓豪华团,就是旅游团来回乘坐飞机,住三星级或三星级以上饭店的旅游团就是豪华团。这样的说法在过去应当不成问题,但随着人们生活水平的提高,生活质量的改善,旅游已经走进千家万户,乘坐飞机、入住星级饭店不再是普通百姓的奢望,游客参加旅行社界定的豪华旅游团,恐怕已经很难产生所谓豪华的感觉。

其次,旅游广告的"豪华"至少给旅行社带来两个不利后果:第一,旅游广告使用了豪华等模糊不清、使人误解的词汇,却得不到相关部门对"豪华"出具权威论证。这就意味着,假如游客向有关部门投诉,或者向人民法院提起诉讼,旅行社将无法举证,存在败诉的风险。第二,提高了游客的期望值,无形中降低了游客的满意度。在服务质量不变的情况下,期望值和满意度成反比。游客在旅游团出发前期望值越高,相对应的在旅游行程中满意度就越低。假如旅行社没有使用这些具有诱惑力的辞藻,游客也许会对整个旅游行程表示满意。旅行社如此设计旅游广告实在是得不偿失。

再次,旅行社在发布广告和签订旅游合同时,用语必须规范、实事求是,避免由于用词不当而引起纠纷。

68 违约责任承担是否包含精神损害赔偿

案例

费先生、徐先生、王先生相互约定,各自偕妻子和孩子共9人一起参加自由行出境旅游,机票为电子机票。组团旅行社告诉他们,等他们到达机场后,凭借身份证可以取得,届时旅行社将有人专门等候他们,并协助他们办理有关登机手续。在费先生等前往机场的路上,领队发现旅行社把下午1点起飞的航班时间误写为下午2点,领队及时通知了费先生等人,费先生等表示无法及时赶到。后经旅行社努力协商,该航班将起飞时间延后,以确保费先生等能够按时登机。当费先生等赶到机场取电子机票时,民航售票处为费先生等提供了共计8张机票,徐先生的机票不在其中。由于当时机位已满,组团旅行社无法为徐先生购买机票。于是旅行社建议徐先生乘坐当天下一个航班前往目的地,然而徐先生和其他8位游客坚持:要么组团旅行社给徐先生购买机票乘坐同一航班,要么一同乘坐下一个航班,总之,9人必须乘坐同一航班,否则将放弃旅游行程。最后费先生等集体放弃了旅游行程,并要求旅行社承担精神损害赔偿共计4.5万元。

评析

随着游客自我保护意识的不断增强,人格权观念也已经深入人心。在旅游赔偿中,精神损害赔偿几乎是所有游客都会提出的赔偿请求。按照我国法律规定,案例中组团旅行社应当为徐先生的损失承担责任,而费先生等在旅行社违约的情况下,人为扩大了损失,应当自己承担责任。至于此案例中的精神损害赔偿请求,得不到我国法律的支持。

我国关于精神损害赔偿的法律并不多,在我国《民法通则》中已作了原则的规定:公民姓名权、肖像权、名誉权、荣誉权受到侵害的,有权要求停止侵害,恢复名誉,消除影响,赔礼道歉,并可以要求赔偿损失。《侵权责任法》规定,侵害民事权益,应当依照本法承担侵权责任。本法所称民事权益,包括生命权、健康权、姓名权、名誉权、荣誉权、肖像权、隐私权、婚姻自主权、监护权、所有权、用益物权、担保物权、著作权、专利权、商标专用权、发现权、股权、继承权等人身、财产权益。《侵权责任法》规定,侵害他人人身权益，造成他人严重精神损害的，被侵权人可以请求精神损害赔偿。

《最高人民法院关于确定民事侵权精神损害赔偿责任若干问题的解释》同时规定，因侵权致人精神损害，但未造成严重后果，受害人请求赔偿精神损害的，一般不予支持。人民法院可以根据情形判令侵权人停止侵害、恢复名誉、消除影响、赔礼道歉。因侵权致人精神损害，造成严重后果的，人民法院除判令侵权人承担停止侵害、恢复名誉、消除影响、赔礼道歉等民事责任外，可以根据受害人一方的请求判令其赔偿相应的精神损害抚慰金。

从上述法律规定看，我国法律对于精神损害赔偿的规定，仅仅局限于侵权损害中，而在违约赔偿中，根据《合同法》的规定，承担违约责任的方式有赔偿损失、继续履行、采取补救措施、承担违约金等，却没有规定违约必须承担精神损害赔偿。当然，由于旅游活动本身包含有精神享受内容，旅行社、领地的违约的确会给游客带来精神上的不愉快。比如，由于地接旅行社工作失误，导致旅游行程衔接混乱，游客经常长时间地在饭店或者景点等待，耽误了旅游行程的正常运转。在等候过程中，游客会担忧、焦虑、在精神上受折磨，但这种担忧和焦虑并不能构成法律意义上的精神损害。

从法律层面上看，在旅游合同纠纷中，由于组团旅行社的违约行为，给游客造成了损害，组团旅行社只需要向游客承担经济损害责任，至于游客要求组团旅行社给予精神损害赔偿的主张，组团旅行社可以不予赔偿，旅游管理部门也不支持游客的赔偿请求。尽管如此，组团旅行社也应当考虑到旅游服务的特殊性，在补偿游客损失时，适当考虑游客的实际状况，给予游客一定数量的补偿。此外，假如组团旅行社的违约行为给游客造成了精神损害，游客可以通过违约责任和侵权责任竞合①的手段，要求旅行社给予精神赔偿，而不可以单独就违约责任要求组团旅行社给予精神赔偿。

69 旅行社代办合同责任如何承担

》案例

张先生委托当地出境旅行社票务中心代为购买前往南美洲的机票，该行程必须经欧洲某国中转。旅行社按照张先生的要求，为他预订了来回共四段机票，

---

① 注：责任竞合是指同一法律事实产生后发生多项请求权，当事人只能选择其中一项行使，受害人不能再选择另外一项请求权。

经张先生检查核实后交付。张先生按照预定时间前往国内机场顺利登机,当他抵达欧洲某国准备中转时,被该国有关部门拒绝登机,该国航空公司为张先生提供了返程机票,张先生只得乘坐飞机返回。回国后,张先生向旅游管理部门投诉,认为是旅行社为其购买机票,就应当为其顺利抵达商务目的地负责。旅游管理部门向旅行社调查核实,旅行社出示了张先生预订的记录和相关资料,张先生自己也承认旅行社提供的机票本身没有任何问题。旅游管理部门在此基础上,认定旅行社就此不承担任何责任,请张先生自行向有关国家航空公司查询原因。经过反复解释,张先生接受了旅游管理部门的建议。

评析

旅游管理部门之所以得出旅行社不承担责任的结论,主要原因是在该纠纷中,旅行社为张先生提供的是委托代办服务,也就是说,张先生与旅行社达成了委托代为办理机票的协议,与传统的包价旅游服务有本质的区别。

首先,所谓委托代办合同,就是指委托人和受托人约定,由受托人处理委托人事务的合同。在上述案例中,委托人为张先生,受托人为旅行社,张先生委托旅行社办理预订机票。旅行社的义务,就是确保张先生委托事宜保质保量地完成,即完全按照张先生的要求购买机票。只要把机票按时交给张先生,并得到张先生的认可,旅行社的义务就全部履行,至于张先生能否顺利登机、能否按时抵达商务目的地,和旅行社没有任何关系。随着旅游个性化和多元化的发展趋势,旅行社接受游客的委托,为游客办理单项代办服务的情况也随之增多。在代办业务中,旅行社的基本义务就是按时完成业务,旅行社必须为代办业务负责,而不必为后续的服务负责。在《旅游法》第七十四条中,对于代办合同中旅行社应当承担的责任,已经专门做出了明确的规定。

其次,所谓包价合同,就是游客向旅行社支付旅游费用,旅行社为游客提供旅游合同约定的所有服务的合同。组团旅行社在包价合同中所必须承担的义务,就是旅游合同所有服务的义务,在上述案例中,假如组团旅行社组织张先生前往南美洲旅游,在旅途中没有正当理由,而张先生被拒绝登机,没有实现旅游合同的目的,组团旅行社就必须为此承担责任。在包价旅游合同中,组团旅行社不能以是地接社的原因,或者是饭店、景点的原因,拒绝向游客赔偿,而是应当先向游客赔偿,然后再向相关服务供应商索赔。总之,在包价旅游合同中,组团旅行社应当为服务供应商的过错承担先行赔偿的责任。

70 旅行社对供应商控制不力的后果

案例

春节黄金周来临前,王先生等8名游客和某出境旅行社签约,确定了正月初一出国旅游行程,并交纳了旅游团款,旅行社也出具了旅游发票。签约后的第九天,领队来电通知王先生等,由于旅游目的地客房十分紧张,地接社无法预订客房,行程将改为初三出团。王先生等同意旅行社的调整。过了几天,领队通知王先生等前往旅行社参加行前说明会,领队将所有相关情况详细地告诉王先生等全团游客,并把来回机票、护照交给王先生等人,要求大家做好出团准备。就在召开行前说明会的第二天,领队又通知王先生等,因故再次推迟出团时间到初六,并承诺绝对不会再有变化。初五晚上,领队告知王先生等,原定的出团计划已取消,请王先生等人第二天去旅行社领回旅游团款。王先生等愤怒地责问领队,领队称他只是负责通知。于是王先生等向旅游管理部门投诉,要求继续旅游行程。

评析

由于出境旅行社对旅游目的地供应商的控制能力较弱,加之有些旅游目的地季节性明显,诸如交通、住宿等因素,直接决定了旅游行程是否能够顺利完成。类似这样的旅游投诉在出境纠纷中仍然占据一定的比例。事实上,在此类纠纷中,出境旅行社也有无奈,旅行社自然希望能够顺利成行,以获得经营利润,但的确存在部分旅行社在组团过程中对于旅游目的地真实的接待状况难以掌控的情况,组团成功或者不成功的可能性都存在。为了避免此类纠纷不断重复上演,旅行社业务人员(领队)在组团过程中,必须特别仔细,在得到各个服务环节的确认后,再和游客签订旅游合同。

首先,旅行社必须未雨绸缪。特别是在旅游旺季来临之前,旅行社及其从业人员(领队)应当早做准备,确认各项服务是否得到落实。当然,要做到这一步,就要求旅行社对各个服务供应商有控制力,否则一切将成为空谈。

其次,旅行社除了承担违约责任外,应当给予王先生等适当的补偿。出境旅行社一而再再而三地违反合同约定,承担违约责任是必然的。此外,旅行社应当向王先生等游客做出补偿,因为这样的服务给王先生等游客带来了莫大的烦恼和不便,旅行社给予补偿也在情理之中。

在本案例中,旅行社不存在欺诈。经旅游管理部门调查核实,并有旅行社提供的境外接待社的传真表明,此旅行计划的临时取消,主要责任在境外的接待社,该出境旅行社不存在欺诈行为。最后,在旅游管理部门的协调下,旅行社除了承担违约责任外,还给予王先生等游客每人800元的补偿,王先生等对处理表示满意。

71 旅行社应为供应商的过错承担责任

案例

王先生一家三口参加了出境旅行社组织的出国旅游,回国后王先生立即向旅游管理部门投诉,要求旅行社承担赔偿责任。据王先生介绍,在整个行程中,境外地陪工作极端不负责,给他们全家的旅游带来不愉快。地陪一直介绍购物商场的质量好,价格适中,而事实上价格却比百货商场的同类商品高得多;有个别游客单独给了地陪小费,地陪对他们的态度明显友好殷勤,而对于其他游客则较为冷漠;在推荐自费项目时,虽然没有强迫,但给人的感觉却是不得不参加;最令人难以忍受的是,住宿的饭店极差,地理位置十分偏远,也没有星级,和合同约定不符;不过领队的态度倒还不错。总之,这次旅游和旅游合同约定有差距,和他原来的设想也相差甚远,王先生要求旅行社承担赔偿责任。领队承认王先生投诉的部分内容属实,但同时强调,这一切问题都是境外地接社和地陪造成的,组团旅行社及领队均尽心尽责为王先生等游客服务,旅行社和领队都不能承担责任。

评析

旅游服务质量的高低,不仅归结于组团旅行社及领队的服务,也取决于各个服务要素的有效供给,即使组团旅行社能够认真负责,而相关服务要素供应商出现失误,旅游合同也难以得到完全履行。因此,组团旅行社在选择地接社时存在一定的风险,至于组团旅行社是否必须承担地接社服务过错的责任,必须按照我国法律的规定来确定。

首先，出境旅行社应当慎重选择服务供应商。出境旅游服务质量固然和出境旅行社的工作息息相关，但在很大程度上依赖于地接社、饭店、商场、餐馆等供应商。假如地接社等供应商不负责任，组团旅行社的一切努力都将付诸东流，因为旅游合同的最终落实者和执行人是地接社等供应商，因此，组团旅行社应慎重选择供应商，并签订合作协议，明确双方的权利和义务，防止由于供应商服务不到位，组团旅行社先行赔偿后追偿时遭遇障碍。

其次，组团旅行社必须为服务供应商的故意或者过失承担责任。游客外出旅游，与组团旅行社形成了服务合同关系，根据合同相对性原理，游客和旅行社必须为各自的权利和义务负责，组团旅行社除了派出领队外，很难直接履行为游客服务的义务，必须借助于境外旅行社和地陪的力量，这是组团旅行社和地接旅行社双方的合作关系。境外地接社和地陪直接为游客提供服务，但这并不意味着游客与组团旅行社之间合同关系的改变。同时，合同责任是严格责任，只要不存在不可抗力等法定免责因素，组团旅行社就必须为违约承担责任，不论违约主体是领队还是地接社。当然，组团旅行社承担违约责任后，可以根据境外地接社过错的大小，向境外地接社进行追偿，以挽回经济损失。

72 出境游保证金管理中的问题

》案例

某商贸公司为组织该公司部分经销商及家属出境旅游，与某出境旅行社签订旅游合同，约定由该出境旅行社组团出国十日游，费用为1.62万元/人。商贸公司参加人数为22人，于出团前将20万元支票交给出境旅行社组团业务人员（领队）。出境旅行社为防止旅游团出境后滞留不归，要求每人交纳保证金5万元。于是商贸公司出具了担保函，保证参加旅游人员按期回国，否则由该商贸公司支付保证金5万元。其中部分人员向出境旅行社交纳了保证金，其中领队要求4位游客直接将20万元保证金汇入他个人账户中。旅游结束后，游客均按期回国。出境旅行社亦向部分游客退还了保证金，领队将其中15万元退还给游客，唯有马先生的5万元保证金一直未退回，经多次讨要，领队均以各种理由不予归还，马先生向人民法院提起民事诉讼，要求出境旅行社退还5万元保证金。

评析

　　游客参团旅游,其行为实质上就是与旅行社之间发生民事法律关系。根据《民法通则》《合同法》等民事法律关系的规定,只要民事主体在平等自愿的前提下,双方就任何民事活动所达成协议,只要该协议不违反法律法规强制性规定,其民事行为都将受到法律的保护。同时,在民事法律规定中,并没有哪一部法律明文规定出境游保证金为非法,按照"法无明令禁止即可为"的原理,只要组团社在组团招徕过程中将保证金事宜明确地告知游客,并在充分协商的基础上,和游客达成协议,组团社的行为就属于合法范畴。但保证金管理中存在较多亟待解决的问题:

　　(1)出境游保证金直接汇入业务员个人账户。由于出境旅游业务的销售具有一定的灵活性和独立性,出境中心的业务员,特别是一些兼职业务员,在招徕业务时往往单兵作战,组团社负责人较为关注业务的增长而疏远对相关事宜的管理。一些业务员在组团的同时,要求游客将保证金直接汇入个人账户,由业务员自由支配;而另一方面,许多游客认为这是组团社的操作程序,对业务员的话深信不疑,按照业务员的要求汇款,为业务员个人掌握。

　　业务员直接向游客收取保证金,将给组团社带来较大的风险。因为这是发生在业务员销售组团期间,属于职务行为,其法律后果应当由组团社法人承担。法人既可以从业务员组团行为获得利益,又必须为业务员的违规行为承担责任。如果业务员没有及时向游客退还保证金,组团社就应为此承担退还保证金的责任。

　　(2)保证金被挪用,成为组团社的流动资金。保证金在游客出团前收取,而退还保证金的时间在游客如期返回后,保证金的收取和退还有一个时间差。许多组团社发现,自从开始向游客收取保证金后,组团社完全可以将保证金挪作流动资金,流动资金短缺的现象得到了一定程度的缓解。挪用保证金已经成为许多组团社的"常规"操作。

　　组团社有正常的稳定的业务,似乎并不会发生任何危机,组团社也能够及时退还保证金,组团社对此有充分的信心。然而挪用保证金的危害性在于,一旦发生组团经营不善、破产或者诸如"非典"之类的突发事件,资金流断裂,组团社将无力偿还保证金,游客的权益也将难以保障。

　　(3)游客滞留后保证金处置缺乏管理制度。按照组团社和境外地接社的约定,只要游客不能如期返回、滞留国外不归,组团社就可以从保证金中扣除相关违约金,以确保自身合法权益不受侵害。但在现实中,由于缺乏对保证金管理的统一标准,组团社根据各自的情况处置保证金,特别是当组团社支付给地接社违约金后仍有余款时,组团社有了更大的处理空间,有时甚至直接将余款纳入组团社的小金库,被组团社据为己有。尽管游客滞留不归的行为违法,但组团社不可以借此获取非法利益,这直接损害了游客的权益。

(4)出境游保证金数额不确定且较为随意。从理论上说,出境游保证金数额的确定,应依据游客滞留不归给组团社造成的直接经济损失,并且在业务员组团时应当明示给游客,让游客行前就了解滞留不归的后果,促使游客按期返回。而事实上,业务员在组团时未能将相关信息及时准确告知游客。组团社上至总经理,下至业务员对收取保证金的数额只有底线,至于上限心中无数,随意性较大,在同一个团中收取的保证金高低不等,为游客所诟病。

(5)组团社与游客缺乏保证金书面协议。组团社在经营过程中,存在诸多制约因素,其中签证是最让组团社头疼的因素。尽管仔细审核,严格把关,但组团社仍然无法确定游客是否会被领事馆拒签,也无法判断办好签证的确切时间。因此,通常情况下,组团社和游客签订旅游合同的时间往往在出团前,甚至是在机场,组团社与游客之间几乎没有收取保证金的书面合同。在实际操作中,时常发生组团社机票已确认,而游客临时拒绝交纳保证金的纠纷,组团社处境甚为尴尬。

(6)极个别组团社假借收取保证金非法牟利。极个别组团社违反国家法律规定,有意和偷渡客联手,组织不法分子假借因私出境旅游的渠道,行组织非法偷渡勾当。这些组团社借机向不法分子收取高额"保证金",不法分子也心甘情愿交纳"保证金",双方心照不宣,共谋损害国家利益。

本案例最终审理结果,法院判定出境旅行社全额退还领队收取的5万元保证金。

73 领队不得随意调整行程

》案例

谢小姐等16名游客参加了某出境社组织的出境旅游团,该旅游团的行程为四晚五日一地游。在旅游合同签订前,谢小姐曾经就旅游行程安排及费用与旅行社进行探讨,谢小姐看过行程后,觉得旅行社提供的1880元线路过于紧张,经双方协商修改了部分行程,变得较为宽松休闲,最终双方签订了 2500 元的线路。书面旅游合同的内容调整为:一天只玩一个景点,以休闲放松为主,不参加购物。旅行社在旅游行程中注明:在不降低服务标准及不减少景点的前提下,旅行社有权对线路作合理的调整。旅游团到达目的地后,领队和地陪以旅游景点方向相同为由,未征求游客的意见,把前 2 天的行程压缩为 1 天,使得游客疲于奔命,最后整整一天只能在客房内无所事事。谢小姐回国后要求旅行社给予合理的解释并赔偿,旅行社的解释是领队有权对行程作调整,没有违反合同约定,旅行社拒绝赔偿。

评析

从案例中可明显看出,领队在整个操作中没有认真履行领队的职责。虽然合同中约定可以调整行程,但实际的调整明显不合理,与合同约定有较大差异,不能体现休闲团的特点。领队的操作的确违反了合同约定,旅行社拒绝赔偿的理由不成立。

首先,谢小姐与组团社在签订合同过程中与旅行社协商,对原行程中旅游景点安排和服务收费进行了变更,确定了新的旅游行程,该旅游合同合法有效,充分体现了谢小姐和旅行社的真实意愿,谢小姐和旅行社都应当严格遵守。《旅游法》规定,导游和领队应当严格执行旅游行程安排,不得擅自变更旅游行程或者中止服务活动,不得向旅游者索取小费,不得诱导、欺骗、强迫或者变相强迫旅游者购物或者参加另行付费的旅游项目。

其次,领队的职责之一,就是监督旅游合同的全面履行。到达旅游目的地后,领队就应当与地陪做充分的沟通,并提出明确要求。当境外地接社导游员按照常规旅游团操作时,领队应当及时与地陪沟通,要求地陪按合同约定提供服务。而实际情况是,领队对地陪擅自调整行程的行为视而不见,导致谢小姐等游客休闲的目的无法实现,损害了谢小姐等人的权益。

从案例看,谢小姐不仅对旅游具有较先进的理念,而且还具有较强的法律意识,能够将协商结果纳入书面旅游合同。旅游合同中唯一的缺憾就是没有将违约责任纳入其中,即书面约定假如领队没有按照合同约定具体操作,旅行社和领队将如何承担违约责任。尽管如此,领队仍应当按照诚实信用的原则要求履行自己的义务,而不是想方设法钻合同的空子,损害游客的合法权益。在倡导品质游、休闲游、个性游的今天,发生上述案例中的纠纷实在是不应该,领队和旅行社都应当认真反思,杜绝类似纠纷的再度发生。

74 如何开好行前说明会

案例

某出境旅行社组织了全省共计 30 名游客前往境外旅游,该国际旅行社的行前会操作模式是,由领队自己召集,并按照《旅行社出境旅游服务质量》的要求操作。由于领队经常带旅游团出境,自认为经验丰富,不需要专门召开行前说明会,而且全省游客都是各自赶往机场集中,领队决定在机场统一进行说明会。结果由于游客陆陆续续到达机场,领队只好分期分批召开简单的说明会,给游客讲解有关事项,并发放相关资料。最后 5 名游客到达机场后,领队又因为忙于办理登机手续,一直没有机会给他们具体讲解有关事宜,直到旅游团抵达境外后,领队才给这 5 名游客发行程计划表,并匆匆忙忙向他们交代了几句。黄先生是第一次出国旅游,加之行前说明会过于简单,无意中冒犯了当地习俗,遭到当地居民的指责。黄先生回国后,要求该国际旅行社赔礼道歉,并赔偿精神损失。

评析

出境游必须召开行前说明会,这既是《旅行社出境旅游服务质量》的要求,也是出境游的特殊性所决定的。召开行前说明会应当掌握以下几点:

首先,讲解的内容必须规范。按照有关规定,行前说明会应当向游客说明出境旅游的有关注意事项、外汇兑换事项与手续等;向游客发放"出境旅游行程表"、团队标志和"旅游服务质量评价表";讲解和说明相关的法律法规知识以及旅游目的地国家的风俗习惯;向游客翔实说明各种由于不可抗力/不可控制因素导致组团旅行社不能(完全)履行约定的情况,以取得游客的谅解。

其次,尽可能召集所有的游客参加行前说明会。出境旅游行前会存在一个较为致命的问题,就是几乎每一个行前会都有游客缺席。或者是因为旅行社计调人员没有全部通知到位,或者是因为游客对行前会不重视,或者有的游客派代表参加行前会。游客行前会的缺席,可能导致旅游途中本来可以避免的纠纷产生。

再次,行前说明会应当达到降低游客期望的目的。就目前出境旅游的服务质量看，我国大部分出境旅游远未达到充分享受精神愉悦的境界，根据我国出境旅游服务质量现状，行前说明会还有一个重要的任务，就是向游客说明真实的服务质量，降低游客的期望值。

案例中出现的服务质量问题，直接的原因就是领队没有开好行前说明会。该游客提出的赔偿请求是否合乎法律的规定暂且不说，领队的行前会开得不够理想，这一点是肯定的。如果领队将所有事宜已经告知游客，即使发生上述状况，也应当由游客自己承担，而事实上领队并没有这样做，领队应当承担相应的责任。

75 游客提出减少景点时的处理

案例

徐女士一家6人参加了某出境社组织的东南亚旅游。按照合同约定，旅行社将为游客提供观夜景的服务项目。旅游团到达该目的地后，由于当时天下着雨，能见度很低，一部分游客担心晚上能见度更低，加上旅途较为疲劳，他们提出取消该景点。地陪在征求了大多数游客同意的前提下，取消了该景点的安排。当时徐女士向领队明确表示不同意，他们全家坚持必须前往景点参观。但领队以大部分游客同意取消行程为由，拒绝了徐女士一家，并声称旅行社只能满足大部分游客的需求，至于个别游客的要求，要根据实际给予考虑。徐女士回到国内后立即投诉，要求旅行社对领队进行处分，并给予赔偿。

评析

这起旅游投诉的发生，与领队工作不负责任有直接的关系。

第一，出境社与徐女士等游客在平等自愿基础上签订了旅游合同，该旅游合同合法有效，任何一方都必须按照合同约定严格履行合同义务，从而实现合同权利。旅行社擅自改变旅游行程属于违约行为，应当承担相应的违约责任。

第二，旅行社与游客只要经过协商，都可以就合同约定的权利义务进行协商变更。从出境旅游服务实践看，由于各种原因，领队（地陪）与游客之间经常发生合同变更现象。

第三,从法理上说,权利可以放弃,义务却必须履行。就本案例而言,游客有参加旅游的权利,旅行社为游客提供约定服务是其义务。游客提出取消观夜景项目,其实质就是放弃了旅游的权利,相应的旅行社提供服务的义务也被免除。

第四,领队应当处理好大部分与小部分游客的利益平衡关系。尽管是大部分游客提出了取消观夜景项目,说明领队(地陪)和这部分游客达成了合同变更的协议,而徐女士明确表示反对,表明他们没有放弃旅游的权利,旅行社也不能因此就免除其服务义务。

第五,领队还应当与游客达成相关书面协议。尽管游客自动放弃旅游该景点的权利,但领队必须与游客达成书面协议,该书面协议包括两个方面的内容:一是游客自愿放弃该景点的游览;二是处理放弃景点后的费用事宜。

另外,领队认为他的职责是满足大部分游客的需求,这一指导思想本身就是错误的。领队的职责之一,就是为全团所有游客提供合同约定的和力所能及的服务,只要游客提出的要求是符合合同约定及常理的,领队都应当给予满足,否则就是失职。

76 漏游旅游景点的严重后果

案例

上海马先生父子两人与某旅行社签订旅游合同,参加"五一"期间河南云台山—洛阳—郑州—开封旅游,旅游团款共计5980元。旅行途中,该旅行社指派的导游擅自减少合同约定的香山寺和白居易墓园两个景点,并增加了一个旅游购物点,马先生当即向导游提出要求改正,导游依然我行我素。回到上海后,经旅游管理部门调解未果,马先生将旅行社告上法院,要求旅行社继续履行合同安排在相同时段"补游"。而旅行社则认为,按照国家的相关规定,旅行社只需赔偿马先生280元的费用即可。法院则按《合同法》判决该旅行社赔偿游客马先生经济损失2400元。法院认为:"本案系旅游合同的特殊性,并不适于强制履行,故本院对原告要求被告继续履行的主张难以支持,本案应以判令被告赔偿因其违约所造成的原告经济损失为妥。"上海法院明确适用《合同法》的相关规定,对全国法院系统处理同类纠纷具有极大的示范作用。

评析

在领队案例教材中，加入了国内游的案例，似乎有些不伦不类，但同样的纠纷在出境旅游活动中屡见不鲜，而且通常情况下，出境旅游的旅游团款往往高于国内旅游，特别是欧洲、美洲、澳洲游等线路，如果发生擅自漏游景点行为，会付出比国内旅游更为惨痛的代价。这样的案例对于全陪导游员和旅行社更具有警示作用。

首先，该纠纷发生在2007年，法院判决后在业内引起了较为强烈的反响，旅行社和业内人士大多指责法院的判决有失公允。如果说原来旅行社的想法情有可原的话，时至今日，旅行社从业人员就不应再有类似的想法。《最高人民法院关于审理旅游纠纷案件适用法律若干问题的规定》第17条规定，旅游经营者违反合同约定，有擅自改变旅游行程、遗漏旅游景点、减少旅游服务项目、降低旅游服务标准等行为，旅游者请求旅游经营者赔偿未完成约定旅游服务项目等合理费用的，人民法院应予支持。只要发生漏游景点现象，赔偿"合理费用"的空间在法官手上，有一点可以明确，赔偿数额肯定高于旅行社的想象。

其次，导游的职责就是按照合同约定提供服务。在外人看来，全陪导游似乎拥有很大的权力，可以任意支配游客的行为，但事实上全陪导游仅仅是旅行社派出的代表，最大的权力就是监督地接旅行社履行旅游合同义务，而没有随意改变行程或者服务项目的权力，否则就可能损害游客的权益。

再次，全陪导游绝对不可擅自增加或者减少服务项目。旅游合同的约定不可以擅自改变，增加或者减少项目，必须协商一致，征得游客的同意；或者是遭遇不可抗力等客观因素，被迫调整行程或者服务项目，全陪导游必须留有书面证据。

77 出团前游客取消行程 领队应如何应对

案例

徐女士和丈夫参加了出境旅游团，团费每人1.85万元。合同签订后，徐女士和旅行社都进行了必要的准备工作，就在出团前3天，由于身体不适，徐女士向领队提出取消行程，并提供了医院的证明。领队建议其最好能够随团出游，但徐女士的身体状况的确难以成行，不得不取消了旅游行程。领队告诉徐女士，由于旅行社一切安排就绪，已经为徐女士购买了旅游团队机票，并且无法办理退票手续。如果徐女士不参加旅游，将承担各项实际发生的费用，包括签证费、出境游全程的双程机票共计1.4万元，徐女士最终还是放弃了旅游行程。但是徐女士认为，尚未成行就要被扣除高昂的费用，而且也不是自己的主观原因导致行程被取消，她不愿意接受扣款方案。待领队行程结束后，徐女士向领队交涉，要求退还全额旅游团款。

评析

在旅行社实际操作中，领队和销售并不截然分开，领队在面对类似徐女士提出的要求时，可以从以下几个方面作答：

第一，徐女士与旅行社签订的旅游合同表达了徐女士和旅行社双方的真实意思，该合同合法有效。旅游合同签订后，旅行社与徐女士都应当按照合同约定履行各自的合同义务。第二，徐女士在出团前身体不适取消行程，尽管她没有主观故意或者过失，但她身体不适并不是法定的免责条款，也没有在双方合同中进行约定，因此由于身体不适取消行程的行为仍然属于违约行为，应当按照合同约定承担责任。第三，旅行社可以按照合同约定，要求徐女士承担已经发生的实际费用，并按照合同约定要求徐女士承担相应的违约责任。第四，按照航空公司售票规则，凡是享受折扣优惠的机票，一经售出就不得转签，也不得退票，而旅行社向航空公司购买的票均为优惠机票。第五，旅行社要求徐女士承担实际已经发生的费用，将向徐女士出示实际已经发生损失的相关凭证。《旅游法》规定，旅游行程结束前，旅游者解除合同的，组团社应当在扣除必要的费用后，将余款退还旅游者。

由于旅行社业务操作的特殊性，一旦出现上述纠纷，旅行社往往难以提供原始凭证，这对快速处理纠纷造成影响。同时，由于客人不能完成既定旅游行程，已经给客人的情绪带来了影响，而旅行社又要扣除较大额度的已发生费用，面对如此现状，客人难以接受旅行社处理方案也在情理之中。因此，尽管旅行社有充分的理由扣除客人的团款，但必须对客人进行耐心细致的说明和解释工作，并提供相应的原始凭证，而不能以简单的方式处理此类纠纷。

78 旅途中游客要求解除合同领队应如何应对

案例

方先生及其家人参加了某国际旅行社组织的天宁岛—塞班岛5日探险之旅，到达机场后得知，由于航空公司的原因，航班出现延误。一直等到第二天，方先生觉得不能再容忍，就提出解除旅游合同，放弃此次旅游，因为他认为再前往旅游目的地已经没有意义，旅游行程肯定不能圆满完成。方先生要求旅行社退还全额旅游团款，并且按照合同约定，赔偿总团款20%的违约金。领队劝方先生耐心等待，继续参加旅游行程，并向方先生说明，如果放弃此次旅游行程，他会承受很大的损失，而且根据旅游合同的约定，由于不是旅行社的原因导致行程被迫取消，旅行社是不会承担违约责任的。最后，方先生及其家人独自离开旅游团队回家，直接来到旅行社，要求旅行社退还旅游团款并承担违约责任。经过多次协商未果，方先生向旅游管理部门投诉，要求旅游管理部门主持公道。经过调查核实，旅游管理部门没有支持方先生要求违约金的投诉请求，要求旅行社退还尚未实际发生的费用。

评析

旅游服务高依存度的特点，决定了旅游服务的不确定性。由于航班、天气等原因造成旅游行程受阻，是旅游服务中经常面对的难题。遇到同样的矛盾和问题，由不同的人员进行处理，往往会呈现截然不同的结果。能否及时化解此类矛盾和问题，可直接体现旅行社及其从业人员处理矛盾和问题的能力。

首先，在通常情况下，旅游合同不得随意解除。对于旅行社和游客而言，旅游合同具有同等的约束力，不能随意解除和变更，否则都将承担相应的违约责任。在上述案例中，航班延误的确会对旅游合同的履行造成一定的影响，损害了方先生的合法权益，但是否构成法定的解除旅游合同的条件尚值得探讨。当然，方先生执意要放弃旅游行程，也是方先生的个人自由选择，但也必须承当相应的后果。

其次，领队应立即将情况向组团旅行社报告。领队是执行组团旅行社指令的代表，要第一时间解决游客的抱怨和投诉。如果遇到难以解决的问题，领队要及时将情况报告给组团旅行社，听取旅行社的指令，并予以实施。

再次，领队要明确告知解除旅游合同的后果。按照《最高人民法院关于审理旅游纠纷案件适用法律若干问题的规定》第18条规定,因飞机、火车、班轮、城际客运班车等公共客运交通工具延误,导致合同不能按照约定履行,旅游者请求旅游经营者退还未实际发生的费用的,人民法院应予支持。如果游客提出解除旅游合同,领队在劝阻的同时,必须告知解除旅游合同的后果。这也要求领队在钻研业务的同时,必须对旅游法律法规有一定的了解,这样才有利于领队和游客的沟通。

79 游客"出境游补出境游"的要求是否合理?

▶ 案例

领队向某贸易有限公司销售其所在旅行社的旅游产品,经过一番讨价还价后,该公司与旅行社达成了十一日出国游的协议,每人团费5400元。当旅游团出关时,边检人员发现旅行社代为游客办理的某国入境签证已经过期,边检人员按照有关规定,阻止旅游团出境,旅游团被迫滞留在机场。事件发生后,领队一方面向组团社报告,另一方面代表旅行社和游客协商,游客要求旅行社不管采取什么措施,必须继续完成旅游行程。在等候签证期间,游客提出改由另一机场出境,行程和原合同恰好相反(此后被游客指责为"行程倒走"),但更改后的服务档次和标准不变。在旅行社和游客的共同努力下,旅游行程顺利完成,但行程比原计划延后了两天。行程结束后,游客对领队的工作表示肯定的同时,认为旅行社存在严重的质量违约,提供的服务不符合约定,旅行社有欺诈行为,应当承担赔偿责任。游客要求"出境游补出境游",即旅行社免费组织游客前往境外旅游,以补偿游客遭受的所有损失,旅行社派领队代表旅行社全权处理投诉。

▶ 评析

领队在处理此类纠纷时,应当掌握的基本原则是,态度诚恳地承认错误,用法律法规说话,在具体协商赔偿时有一定的姿态。

首先,不可否认的是,旅游行程受阻,旅行社负有不可推卸的责任。旅行社作为游客的服务企业,不仅要为游客提供直接的服务,也有检查签证、机票等是否正确无误的义务,而旅行社的业务人员(包括领队)没有对护照和签证进行仔细的检查,旅行社必须为此承担全部的违约责任。当然,造成该纠纷的原因仅仅是工作疏忽,而不存在欺诈行为。

其次,被游客指责的"行程倒走"完全是旅行社与游客协商一致的结果。如果游客不提出从另一机场出境,旅游行程仍然按照原合同进行,并且旅游行程变更后,服务标准和档次没有受到影响,游客的权益也没有受到损失。

再次,我国相关法律的规定,违约责任的承担方式有继续履行、采取补救措施、赔偿损失、支付违约金和定金等方式,当旅行社出现违约行为时,根据当时当地具备的条件,可以适用不同的责任承担方式。

在旅游旺季,旅游证照出错的情况时有发生,旅行社从业人员应从中吸取教训,并采取措施,强化旅游服务规范程序。行程中出现特殊状况时,旅行社应与游客协商,及时变更旅游合同,并形成书面协议。同时,既然是在协商基础上对原合同进行的变更,游客作为具有完全民事行为能力人,应对合同变更可能带来的后果有充分的思想准备。

80 如何全面准确地理解《旅游法》第三十五条规定?

案例

《旅游法》颁布以来,旅行社对于第三十五条多持批评和抵触的态度,甚至认为该法条的实施,将导致旅行社出现无购物、无自费和无小费的"三无产品"。不断有旅行社向旅游主管部门请示,希望能够对于《旅游法》第三十五条给予明确解释,制订操作规程和办法,以便旅行社在组接团中贯彻《旅游法》的规定,防止出现误解和错误理解,给旅行社权益造成损害。

评析

首先,先了解下该法条的内容。

《旅游法》第三十五条规定:旅行社不得以不合理的低价组织旅游活动,诱骗旅游者,并通过安排购物或者另行付费旅游项目获取回扣等不正当利益。

旅行社组织、接待旅游者,不得指定具体购物场所,不得安排另行付费旅游项目。但是,经双方协商一致或者旅游者要求,且不影响其他旅游者行程安排的除外。

发生违反前两款规定情形的,旅游者有权在旅游行程结束后三十日内,要求旅行社为其办理退货并先行垫付退货货款,或者退还另行付费旅游项目的费用。

其次,本法条的核心要求。

对于本法条的理解和解释,有各种不同的意见和声音,但有一点是共同的,即本条的核心:禁止旅行社低价竞争的经营模式继续蔓延。

(1)旅行社不得组织低价团。除了本法条,《旅行社条例》对此早有类似的规定,每年的市场秩序整治中针对不正当低价组团采取的措施也是首当其冲,本法条的规定无非是再次重申而已。旅行社应当诚信服务和收费,采取诱骗旅游者参团的方式总是错的。但如果有低价的理由,能够为低价找到合理的解释,比如低价的尾单,即是所谓合理的低价,而不是简单的恶意低价竞争,对此法律并没有禁止。

(2)如何认定不合理的低价。有旅行社质疑,既然法律规定有不合理的低价,也就意味着有合理的低价。那么,什么是合理的低价就成了不能回避的话题。事实上,合理的低价不仅存在,而且合法。以旅行社组织火车专列为例加以说明。旅行社组织千人的火车专列,经过测算,只要向前600名旅游者每人收取4000元,旅行社就可以全额收回专列成本,从第601名旅游者开始,旅行社就可以赚取利润。所以,从第601名旅游者开始,即使收取的团费每人只有2000元,甚至最后的20名旅游者每人只收取了50元团款,这样的低价收费仍然合理,这就是所谓的合理的低价。因此,旅行社的收费是否合理、是否属于合理的低价,主要是旅行社组团定价时是否善意,看该产品整体是否给旅行社带来直接的利润,而不是看单个收费的高低。符合这样的条件,就是合理的低价,否则就是不合理的低价。

(3)回扣违法。回扣违法毫无异议。按照《反不正当竞争法》第八条的规定,经营者不得采用财物或者其他手段进行贿赂以销售或者购买商品。在账外暗中给予对方单位或者个人回扣的,以行贿论处;对方单位或者个人在账外暗中收受回扣的,以受贿论处。从该法条的规定不难看出,只要符合账外暗中的条件,给予回扣的一方就涉嫌行贿,接受回扣的一方就是受贿。具体而言,购物商场、自费景点给予旅行社、导游领队、司机的好处费、人头费、辛苦费等,由于属于账外暗中进行的范畴,就是回扣,应当予以打击。

(4)旅行社组织接待旅游者不得指定购物和自费项目。《旅行社条例》规定,如果行程中有购物和自费项目,旅行社应当在旅游合同中事先告知,并对购物时间和商场名称作出约定;对于自费项目则要由旅游者事先选择。

在此基础上,《旅游法》则明确规定,旅行社组织、接待时不能安排购物和自费项目,这是《旅游法》对《旅行社条例》相关规定的重大调整,应当以《旅游法》的规定为准。

(5)安排旅游购物和自费项目的条件。尽管《旅游法》规定旅行社组织接待不能指定安排购物和自费项目,但仍然给旅行社留下了两个活口,使得在一定条件下旅游者的购物和自费项目依然可以实施:经旅行社和旅游者协商,仍然可以组织旅游者购物和自费;旅游者主动提出要购物和安排自费项目,经与旅行社协商,也可以进行购物和参加自费项目。但这样的安排不能影响其他旅游者的权益,如团队中绝大部分旅游者愿意购物和自费,只有极少数旅游者不愿意,旅行社必须妥善安排,不能把不参加购物及自费项目的旅游者晾在一边;如果发生这样的情况,就属于影响其他旅游者行程安排,旅行社的行为属违法。

再次,旅行社如何规范操作购物活动和自费项目

(1)旅行社在旅游广告中不可出现购物和自费的内容。不论是平面媒体广告,还是电子科技广告,旅行社不得将购物和自费内容纳入其中,否则就涉嫌在组织招徕阶段指定购物和自费,违反了上述规定。

(2)旅行社旅游合同中不可以出现购物和自费的内容。旅游合同一般会包括合同文本、旅游行程单和注意事项等内容,旅行社提供给旅游者的合同文本或者旅游行程单中,不可以有购物和自费的内容,否则就可以认定为是旅行社组织旅游者时就指定了购物和自费项目,与《旅游法》的规定不符。

(3)旅行社在门市可以签订补充协议确定购物和自费项目内容。旅游者和旅行社签订了旅游合同后,旅行社可以额外提供有关购物和自费项目的补充协议,对购物和自费项目进行约定。这样的操作模式没有违反《旅游法》的规定,但操作必须确保所有的旅游者愿意和旅行社签订补充协议,否则就会出现影响其他旅游者行程安排的情形。

(4)导游(领队)在行程中和旅游者协商安排购物和自费项目。在行程中安排购物和自费项目,旅行社有两种操作模式可以选择:第一,旅行社和导游(领队)约定,将协商权限全部下放给导游(领队),旅行社承担责任后,由导游(领队)概括承担;第二,旅行社要求导游(领队)协商前先报告旅行社,征得旅行社的同意后再实施合同变更。当然,不论何种模式,第一责任人都是旅行社。

(5)旅行社须事先告知和承诺。在旅行社和旅游者签订补充协议之前,旅行社应当就购物次数、商场名称、购物时间、主要商品等内容做出明确

的告知,同时也要对自费项目名称、价格、自费项目主要内容进行告知。在购物方面应承诺:购物商场资质合法、明码标价、不强迫购物、不设定最低消费、不收取回扣;在自费方面应承诺:自费项目要事先告知旅游者,不强迫消费,打包价格低于单个项目的总价,单个项目价格不超过门市价,不收取回扣。须提醒旅游者慎重购物,自愿选择自费项目。

(6)退还购物和自费款项的前提。如果旅行社以不合理的低价组织旅游活动,诱骗旅游者,并通过安排购物或者另行付费旅游项目获取回扣等不正当利益,或者如果旅行社、导游领队不能证明购物或者自费是出于双方协商或旅游者主动提出,就必须在旅游行程结束后三十日内,为旅游者办理退货并先行垫付退货货款、退还自费项目的费用。这样的结果,对旅行社而言是难以承受的。可见规范购物和自费对于旅行社而言,具有何等重要的意义。

81 为什么说《旅游法》没有禁止旅游购物和自费?

案例

李先生参加了出境旅游团返回后,第一件事情就是到旅游主管部门投诉旅行社。李先生认为,在旅游行程中,旅行社的服务还不错,但遗憾的是,旅行社安排了三个购物环节,虽然他本人没有购物,但据他了解,《旅游法》颁布以后,旅行社是禁止安排旅游购物的,所以旅游主管部门应当对旅行社进行处罚。经过旅游主管部门反复耐心的解释,李先生不再提出异议。

评析

《旅游法》颁布后,由于对《旅游法》认识不到位,业界及社会大众在不知不觉中形成了一个错误的概念:旅行社不可以在旅游行程中安排旅游购物和自费项目。事实上,仔细研读《旅游法》第35条及其相关规定,我们会发现,只要旅行社严格按照规定操作,旅游购物和自费项目依然被有条件允许。

(1)《旅游法》禁止安排购物和自费项目的范围

《旅游法》所禁止的旅游购物和自费项目,是指旅行社在组织接待时事先指定的旅游购物和安排自费,也就是说,旅行社在刊登旅游广告时,将旅游购物和自费纳入其中,向旅游者推荐旅游线路;或者旅行社在和旅游者签订旅游合同时,在旅游行程单中指定旅游购物和自费,旅游者要么接受旅游购物和自费,要么放弃在旅行社报名参团。在这两种情况下的旅游购物和自费,的确被《旅游法》所禁止。但纵观《旅游法》及其相关法律法规,并没有绝对禁止旅游购物和自费的法律规定。

(2)安排旅游购物和自费项目必须满足的条件。在旅行社的服务中,只要满足以下两个条件,旅行社就可以安排旅游购物和自费项目:第一,旅行社和旅游者双方协商。不论是旅游购物还是自费,也不论是旅行社还是旅游者首先提出旅游购物和自费,其实质就是双方的协商一致。只要双方协商一致,旅行社和旅游者都可以对旅游合同进行变更。第二,不影响其他旅游者的行程安排。旅行社安排旅游购物和自费项目时,理想的状态是全团所有旅游者都参加旅游购物和自费项目。如果团队中有少数旅游者不愿意参加旅游购物和自费项目,旅行社及其领队(导游)就必须对这些没有参加旅游购物和自费项目的旅游者做出妥善的安排。

(3)何时开始旅游购物和自费的协商。何时协商旅游购物和自费,法律对此并没有明确的规定,严格地说,只要双方有合同变更的意愿,旅行社和旅游者随时随地可以对旅游购物和自费项目进行协商。在旅行社操作实务中,双方协商的具体时间大致在三个阶段:第一,旅行社和旅游者签订了旅游合同后,双方在协商的基础上,随即再通过签订另纸书面补充协议的形式,来确认双方有关旅游购物和自费项目的协商结果;第二,在旅游合同签订后至行程开始前,旅行社也可以和旅游者协商;第三,在旅游行程中,由领队(导游)和旅游者协商,对旅游合同进行变更,安排旅游购物和自费项目。

(4)旅行社和旅游者协商面临的难题。旅行社和旅游者另行协商安排旅游购物和自费,对于包团而言,应当没有很大的难度,旅行社只要和包团的组织者事先协商,是否安排旅游购物和自费项目即可。而对于散客拼团而言,旅行社的操作就有一定的难度。因为为了保证团队行程更为顺畅,最为理想的结果是,确保全团旅游者都能和旅行社签订旅游购物或者自费项目的补充协议,否则就有影响其他旅游者行程安排的可能性。另外,对于晚上的自费项目而言,只要旅行社先将不参加自费活动的旅游者先送回酒店,然后组织其他旅游者前往自费项目地点,应当不存在太大的难度。

82 为什么旅游购物和自费项目不能纳入旅游行程单中？

> **案例**

张先生准备参加旅游团，到了旅行社的门市才发现，旅行社把旅游购物和自费项目已经直接纳入旅游行程单中，旅游者无法选择和协商，要参加旅游线路，就必须无条件地接受这样的旅游行程单。张先生向旅游主管部门咨询：按照《旅游法》的规定，旅游购物和自费项目似乎不可以被旅行社纳入旅游行程单中，旅行社如此操作是否合乎《旅游法》的规定？

> **评析**

《旅游法》颁布的一段时间以来，旅行社组织旅游者参加旅游活动时，不再有旅游购物和自费项目，但经过短暂的调整后，旅行社的操作模式又回到了从前。国家旅游局和国家工商总局发布的推荐旅游合同文本中，对旅游购物和自费项目作出了严格的规定，具体表现在旅游购物和自费项目必须以另纸合同的形式出现，而不是被直接纳入旅游行程中。总之，旅游购物和自费不能直接被纳入到旅游行程单中。

（1）观点分歧所在。按照《旅游法》第三十五条的规定，在购物和自费项目的服务中，旅行社不能在旅游广告中出现旅游购物和自费内容，如果旅行社这样做，就涉嫌指定购物和自费，这个观点没有异议，只有共识。但是，对于旅游购物和自费是否能够直接进入旅游行程单，就存在正反两种不同的观点。

在坚持认为应将旅游购物和自费项目直接纳入旅游行程单的人士看来，这样做并没有违反法律规定。因为从理论上说，即使旅行社将旅游购物和自费项目直接纳入到旅游行程单中，在签订旅游合同时，旅游者完全可以和旅行社协商，决定是否参加旅游购物和自费项目。

上述观点貌似有理，但有一个关键要素被忽略，即旅行社的旅游行程单是格式条款。所谓格式条款，是指当事人为了重复使用而预先拟定、并在订立合同时未与对方协商的条款。也就是说，关于旅游行程单的制定，旅行社事先并没有和旅游者协商，当事人在订立合同时不必协商的格式条款具有不变性、附合性。在订立合同过程中，提供格式条款的一方并不与对方就格式条款的内容进行协商,格式条款的内容是不能改变的。

因此,在旅游合同的签订过程中,旅游者要参加旅游团,要么同意格式条款的全部内容,并与旅行社订立合同,或是拒绝接受格式条款的内容,不与旅行社订立合同。不论是何种情况,旅游者都不可能与旅行社协商修改格式条款的内容。而在实务中,很少有案例证明,旅行社提供的旅游行程单被协商改变的,尤其是散客拼团中,旅游行程单一定是不可改变的,否则旅游团无法顺利履行。

(2)法律特别关注旅行社指定旅游购物和自费项目。由于之前旅游购物和自费项目已经成为旅游纠纷热点,为社会大众所诟病,《旅游法》特别强调旅行社不可以指定旅游购物和自费项目。纵观《旅游法》全文,对于旅游活动的相关要素,诸如吃、住、游等,都没有做出不可以指定的规定。也就是说,旅行社指定住宿饭店、餐饮服务等,只要得到旅游者的事先确认即可,并不需要由旅行社和旅游者双方的协商。这也从另一个侧面说明,为什么《旅游法》特别关注旅游购物和自费,旅游购物和自费项目的安排必须得到充分的协商,以另纸补偿协议的形式而存在,而不是直接纳入旅游行程单中。

《旅游法》有关旅游购物和自费项目的规定,印证了"上帝关上一扇门,同时也会为你打开一扇窗"的古语,只要通过旅行社和旅游者的双方协商,且不影响其他旅游者的行程,旅行社完全可以安排旅游购物和自费项目,只是在提供旅游购物和自费服务时,增加了一些技术难度而已。

(3)旅行社必须转型。旅行社对于旅游购物和自费项目感兴趣仅仅是"表",而对于从旅游购物和自费项目中获得利益才是"里"。如果旅行社不能从购物和自费项目中得到回扣等利益,旅游购物和自费项目对于旅行社也就索然无味了。

对于旅行社而言,最为可怕的是,许多旅行社面对当前日益变化的市场经营环境,似乎没有意识到转型升级的重要性,仍然守着多年的经营模式和习惯不变,热衷于通过旅游购物和自费项目获取回扣,维持旅行社的生存。事实上,旅行社面对的挑战至少有互联网的冲击、旅游者旅游方式选择的多元化和中央国八条的规定,影响最小的才是《旅游法》的颁布实施。如果旅行社的经营理念不改变,经营模式不调整,这才是旅行社最为致命的软肋。

83 旅游者在行程中购物都应由旅行社负责吗?

案例

傅先生参加旅游团,在旅游景点一个商场内,对一件玉石工艺品产生兴趣,后经与店主讨价还价后,以5000元成交。返程后傅先生将所购工艺品交由当地鉴定中心进行鉴定,鉴定的结果是该物品为普通石头,不是美玉。傅先生把该工艺品交给旅行社,要求旅行社退还5000元货款,理由是他参加了旅游团,旅行社就必须为他的购物行为负责,而且《旅游法》也已经作出了明确的规定。傅先生的理解是否正确?提出退还全额购物费用的主张是否有法律条款的支持?

评析

(1)旅游者在行程中购物的分类。旅游者在旅游行程中是否购物、购物多少,都是旅游者的自由,是旅游者个人判断和选择的结果。在旅游行程中购物,大致可以分为两类:第一类是经过旅行社和旅游者协商后安排的购物,在这类旅游购物中,如果程序和服务不到位,违反了相关法律规定,旅行社要为此承担民事和行政责任;第二类是旅游者在自由活动或者游览过程中的购物活动,这类购物活动和旅行社的安排没有直接的关系;不能因为随团旅游,也不能因为《旅游法》明确了购物责任,旅游者就要求旅行社承担有关购物的所有责任。

(2)旅行社安排购物要协商。旅行社安排旅游购物,必须和旅游者协商,并且旅游购物不得纳入旅游行程中,而要以另纸合同的形式出现。签订旅游购物合同应当在旅游合同签订完毕之后、到旅游行程结束之前。核心是旅行社和旅游者要协商一致,否则就是强迫购物,违反了《旅游法》的规定。

(3)旅行社安排购物必须诚信。旅行社的诚信,首先体现在安排的购物商场必须有合法资质,有在工商部门注册备案;其次,旅游商场商品质量达到相关标准,不出售假冒伪劣商品;再次,商场经营人员不虚假宣传,不误导旅游者购物。至于商品的价格,只要符合明码标价原则,可以由购物商场自行定价,不做强行规定。

(4)旅行社强迫购物的后果。旅行社强迫或者变相强迫旅游者购物,应当承担民事责任和行政责任。从民事责任方面看,只要有强迫购物,旅行社必须无条件退还旅游者的购物费用。从行政责任方面看,由旅游主管部门责令改正,没收违法所得,责令停业整顿,并处三万元以上三十万元以下罚款;违法所得三十万元以上的,并处违法所得一倍以上五倍以下罚款;情节严重的,吊销旅行社业务经营许可证;对直接负责的主管人员和其他直接责任人员,没收违法所得,处二千元以上二万元以下罚款,并暂扣或者吊销导游证、领队证。

(5)旅游者在哪些场合购物和旅行社无关。总的原则是,只要不是旅行社和旅游者协商后安排的购物商场,旅游者的购物行为和旅行社就没有关系。比如旅游者在高速公路服务区的购物就和旅行社无关,因为服务区的商场并不针对特定的旅游团,而是针对所有途经的乘客;比如旅游者在餐馆内或者餐馆附近的商场购物,和旅行社也无关;比如旅游者在景区内的商场购物,和旅行社没有关系;再比如旅游者在旅游目的地的百货公司或者超市购物,和旅行社也没有关系。

在这些购物活动中,由于购物行为完全由旅游者自己主导,并不是《旅游法》三十五条中所涵盖的旅游购物范畴。只要领队(导游)人员在旅游者购物时不存在误导和欺骗行为,旅游者认为这些商场的商品价格高或者质量差,要求旅行社退还购物费用,都缺乏法律依据,即使要求旅行社协助退货,旅行社也可以委婉拒绝。

84 为什么协商好的自费项目被取消后,旅行社仍然需要承担责任?

》案例

2013年9月20日至10月4日,重庆谭先生等8人通由重庆多个旅行社报名参加了由北京某旅行社组织的希腊+德法意瑞15日游。他们与旅行社签订的旅游合同附件中,将"法国塞纳河游船、凡尔赛宫、夜游巴黎等七个项目,瑞士琉森湖游船、铁士力雪山等四个项目,意大利比萨斜塔、贡多拉游船等五个项目,德国莱茵河游船"等共计17个项目,约定为本次旅游行程的另行付费项目。在实际操作中,领队不同意安排谭先生等参加原约定的另行付费项目。行程结束后,谭先生等旅游者提出要求"补游"这些自费项目的费用,其中包括:往返机票费用(8000元)、住宿费(1845元)、餐费(410元)、签证费(1000元)、交通费

(2460元)、误工费(870元)等,合计每人14585元。协商破裂后,谭先生向人民法院提起民事诉讼。

评析

在历年来旅游投诉和诉讼的受理中,矛盾焦点多是旅游者认为旅游购物和自费项目过多,或者是被强迫旅游购物和自费。而此案例的诉讼焦点,竟然是旅游者因为自费项目被取消而投诉,这个事件本身就很有意思,故此被媒体称为《旅游法》实施后的旅游第一案。

首先,纳入合同的自费项目性质如何认定?

(1)所谓自费项目,就是旅游者和旅行社约定交纳旅游服务费用的方式有所不同,自费项目费用的交纳,一般有两种方式:第一种方式,在旅行社门市签订旅游合同时,就自费项目内容再行约定,费用直接交给组团社,或者将约定费用交给地陪,或者直接交给服务供应商;第二种方式,在旅游行程中,由旅游者和领队导游自行协商约定,自费项目的费用交给领队导游。交纳费用方式的不同、时间的先后,仅仅是交费方式的不同,都不影响自费项目合同的成立和生效。只要有约定,自费项目就不可以随意取消,擅自取消自费项目与擅自取消合同约定的行程,具有同等性质,承担的法律后果也应当相同。

(2)旅游合同是一个较为宽泛的概念,就民事部分来说,只要双方就旅游权利义务达成协议,不论该协议是口头的、书面的、电子数据的还是其他形式的,都是旅游合同的形式。旅游合同书当然是旅游合同,旅游行程单、温馨提示等也是旅游合同的主要组成部分,这些有形可见的合同形式,只要双方签字确认,对于双方当事人都有约束力,不得随意违反,更不能随意取消;否则,违约方就要承担违约责任。

因此,在旅游合同的附件中约定了自费项目,只要旅游者和旅行社双方签字确认,或者在旅游合同书中明确旅游附件作为旅游合同的组成部分,即使没有双方的签字确认,但是旅行社和旅游者仍然认可,该旅游附件就是旅游合同的组成部分。在这种情况下,旅游合同附件约定的自费项目,等同于旅游合同本身的约定,旅行社和旅游者都不得违反,即旅行社有义务为旅游者的自费项目提供服务,旅游者也必须按照约定参加自费项目。在上述案件中,旅行社擅自取消自费项目,显然是违反了旅游合同的约定,应当为此承担违约赔偿责任。

其次，旅行社拒绝自费项目的理由是否成立？

据报道，旅行社最终拒绝为旅游者提供自费项目服务的主要原因是：领队认为《旅游法》于10月1日正式实施，国家旅游局已经通知，团队返程时间在10月1日以后的旅游团，均需按《旅游法》的相关规定运作团队。事件发生后，有关旅行社向部分旅游者表示了歉意，承认对《旅游法》的理解有误。

旅行社拒绝为旅游者提供自费项目服务的理由是否成立？上述关于自费项目的性质分析，已经明确旅行社拒绝服务的理由不成立。旅行社之所以会擅自取消自费项目，核心的问题有二：

(1) 旅行社对于自费项目的性质认识有误。在许多旅行社眼里，自费项目并不是旅游合同的组成部分，是处于附属地位，甚至会通过少数服从多数的方式，来决定是否参加合同已经约定的自费项目。似乎是否为自费项目提供服务，完全由旅行社主导，和旅游者没有关系。这是旅行社认识上的问题。

(2) 旅行社对于《旅游法》的误解。《旅游法》颁布以来，一直有一个强烈的声音在媒体中反复出现，即2014年10月1日以后，旅行社服务不再包括旅游购物和自费项目服务了。旅行社也是人云亦云，没有认真研究《旅游法》第三十五条的含义。其实，包括《旅游法》在内的所有法律法规，从来没有禁止旅游购物和自费，《旅游法》只是规范了旅游购物和自费，为购物和自费设置了一些条件而已。旅行社要为没有领会《旅游法》的精髓付出代价。

再次，旅行社应当承担相应的法律后果。

(1) 民事责任。旅行社面临的民事责任，主要是对旅游者作出经济赔偿。和这个案例相似的，就是2007年上海基层法院也判决过一个所谓"补游"的纠纷，所不同的是，上海案例中旅行社拒绝的两个景点服务是合同中的常规项目，旅游者现场要求旅行社提供服务被拒绝。诉讼的结果是，旅行社赔偿给旅游者的总额为2400元，而旅游团款总计是4400元，赔偿额度为总团款的54.55%。

结合我国法律规定，首先，旅行社拒绝提供自费项目的行为属于违约，这是毫无疑问的，不需要再争议；其次，旅游者提出的补游也是不合适的，虽然旅游者没有提出补游这个概念，但其赔偿请求等同于补游；再次，《最高人民法院关于审理旅游纠纷案件适用法律若干问题的规定》第十七条明确规定，旅游经营者违反合同约定，旅游者请求旅游经营者赔偿未完成约定旅游服务项目等合理费用的，人民法院应予支持。

关键的问题之一,是法官如何理解"合理费用",给了法官一个较大的自由裁量空间。国家旅游局的有关规定也参照了这个类似的表述。但无论如何,旅行社的赔偿额度不会低,旅行社原有的门票双倍赔偿的观念肯定不合时宜,法官一方面要考虑到补游的不现实与不可行,另一方面要考虑到旅游者的实际损失,如果再次旅游必须支出的费用,可能会要求旅行社承担的费用包括:来回机票等交通、住宿、门票、餐饮、签证等费用,这个费用以团队游形式计算,而不是以散客游形式计算,这些费用应当被看作所谓的"合理费用",但不至于高于旅游者交纳的旅游团款,最后结果当然要等待法院的判决。

关键问题之二,是对《旅游法》第七十条规定的理解。如果法官认为旅行社具备履行条件,经过旅游者请求仍然拒绝,给旅游者造成了滞留(旅游者诉状中提及滞留),赔偿金就会高于旅游者的诉求,原告律师到时候按照该规定变更诉讼请求也难说。当然,笔者个人不赞同旅游者滞留这个观点。这里所谓滞留,有特定的含义,是指团队行程按照约定应当结束,但由于旅行社的直接原因,导致旅游者不能按时返程。这才是真正的滞留,该案例中团队不存在团队滞留现象,只是存在服务的瑕疵。

(2)行政责任。在法院判决赔偿的同时,旅游主管部门要根据法律法规的规定,对旅行社服务行为的正当性予以审查,对于旅行社经营中存在的所有违法违规行为予以行政处罚,不论旅游者是否投诉和举报。旅游主管部门主要审查如下几个方面的内容:

①书面旅游合同是否签订?旅游合同签订是否规范?从报道中可以看出,书面旅游合同显然是签订了,但旅游合同内容是否完备和规范需要得到印证。如果书面旅游合同缺项、不完备,旅游主管部门应当根据《旅行社条例》第五十五条的规定予以行政处罚。

②旅游合同的转让是否征得旅游者的书面同意?旅行社转让旅游者,让其他旅行社履行包价旅游合同义务,必须征得旅游者的书面同意。重庆旅行社组团,最终由北京一家旅行社操作,是典型的旅游合同转让。如果没有征得旅游者的书面同意,旅游主管部门必须按照《旅游法》第一百条的规定,对旅行社予以行政处罚。同时如果旅行社没有征得旅游者的同意,擅自转让旅游者,根据国家旅游局《旅行社服务质量赔偿标准》第五条的规定,旅行社未经旅游者同意,擅自将旅游者转团、拼团的,旅行社应向旅游者支付旅游费用总额25%的违约金。

③旅游者反映的擅自取消自费项目是否属实?上文已经论述,擅自取消自费项目属于违约行为,需要承担擅自取消合同约定项目同等的法律责

任。如果旅行社擅自取消自费项目行为属实,旅游主管部门必须根据《旅游法》第一百条的规定,对旅行社实施行政处罚。

85 商品质量低劣应当由谁承担举证责任?

案例

李女士参加旅游团,在其他旅游者购物气氛的感染下,也积极加入到旅游购物中,先后购买了金器、玉石等贵重物品。一年后发现所购商品质量低劣,要求旅行社退货,旅行社以时间过长、商品质量没有鉴定为由拒绝。李女士要求旅游主管部门给个说法。

评析

与旅游商品价格高投诉一样,经常有旅游者因为旅游商品质量而投诉。从法律角度看,旅游者投诉商家所售商品假冒伪劣,要求旅行社赔偿或者退货,事实上是一个很复杂的法律问题。

(1)法律规定不明确。截至目前,我国国家层面的法律法规尚未对旅行社在旅游购物纠纷中承担的角色作出明确定位,也就是说,假如商家出售的商品属于假冒伪劣,旅行社是否应当承担责任、承担多大的责任都没有规定。仅仅因为旅行社带旅游者前往购物,就把假冒伪劣商品与旅行社联系在一起显失公平,除非旅行社与商家联手欺骗旅游者。有些地方性法规规章却有明确规定,商家出售假冒伪劣商品,旅行社负有先行赔偿或者协助退货的义务。

(2)假冒伪劣需要权威鉴定。一些旅游者经常会说,我的金器或者玉石是经过某专家或者老师傅看过,他们说是假的,所以要求旅行社退货。其实,单凭专业人士个人判断,很难得出权威的结论,这样的证据没有任何法律效力。如果旅游者提出商品的质量有问题,按照"谁主张谁举证"原则,是否为假冒伪劣商品,应当由旅游者提供相应证据,即旅游者提供国家认可的权威鉴定部门的鉴定意见,来证明商品是否属于假冒伪劣,否则就是举证不能,旅游者将承担不利于自己的后果。

(3)旅游者必须保存正规的购买凭证。旅游者购买商品,必须保留相关的购物凭证,以证明该商品的确是从这个而不是另一个商家购买,购物凭证是旅游者和商家买卖合同的重要依据。如果没有购物凭证,只要商家不认可,旅游者要求商家退货的理由就不成立。因此,旅游者要维权,首先必须保留购物凭证,而事实上有许多旅游者对此并不关注,甚至没有向商家索要购物凭证,导致维权时证据不足,最后只能望洋兴叹。

(4)购物凭证必须填写规范。旅游者向商家索要购物凭证,只是保护自身权益的第一步,如果仅仅只有购物凭证,也不能完全解决维权的关键。旅游者不仅需要索要购物凭证,还必须要求商家完整清晰地填写购物凭证。有些商家出示的凭证要么语焉不详,要么含糊其辞,比如只是填写"金器"、"玉石"、甚至是"工艺品"等。商品名称如此填写,对于旅游者的维权毫无意义,因为只要该商品是金器、玉石,旅游者就不能提出任何异议。所以,商品的品名、品质、等级都应当有详细的文字说明,否则对旅游者不利。

(5)旅行社的注意事项。虽然法律没有规定旅行社的退货义务,但旅行社还是应当做好一些服务工作。同时,既然商家是旅行社和旅游者协商确定,且由旅行社带入商家,旅行社仍然应当承担一定的义务,比如旅行社有选择合法且信誉较好的商家的义务,如果旅行社和商家联手欺骗旅游者,旅行社就不仅仅需要承担退货的责任。旅行社还应当与商家签订书面合同,明确商家的权利义务,约定如果商品质量低下,商家要允许旅游者退货,给旅游者造成损失的,还要承担赔偿责任。

86 商品价格高是否可以成为旅游者退货的理由?

》案例

王先生到旅游主管部门投诉,要求旅行社帮他把从旅游购物商场购买的商品退掉,理由很简单,就是他买了商品后,发现同类商品在别的商场价格更低,他觉得吃亏了。这个商场是旅行社带他去的,旅行社就应当负责。由于和旅行社协商退货不成,王先生就要求旅游主管部门介入,责成旅行社帮助退货。旅游者提出的要求到底是否合理?

评析

此类投诉常常发生在老年旅游者身上,旅行社有时实在难以抵挡旅游者的纠缠,最后不得不做出妥协。旅行社当然可以灵活处理,但从法律层面说,仅仅因为价格高,要求旅行社帮助退货缺乏依据。

(1)按照《价格法》的规定,我国价格规范分为三大类,即政府定价、政府指导价和市场调节价,旅游行业价格属于市场调节价范畴,旅游企业可以根据自身经营需要和市场需求,自主决定服务价格,例如旅行社线路的价格、饭店客房价格、餐饮价格、旅游商品价格等,都实行市场调节价。所以,只要是市场调节价的商品,即使在同一城市,同类商品的价格也无法整齐划一,必定有高低之分,这本身属于正常现象。

(2)价格主管部门监管商场制定价格的行为,但不针对价格高低本身。商家制定商品价格,做到明码标价,将商品的相关信息,包括商品的品名、产地、规格、等级、计价单位、价格或者服务的项目、收费标准等有关情况事先明确告知旅游者,由旅游者自主决定是否购买商品、自助选择商品,商家就不存在过错。至于商品价格的高或低,都由商家根据经营需要自行确定,是完全的企业经营行为。同时,这是一个物质相对丰富的买方市场,商家会根据市场需求确定价格。如果商家不明码标价,其行为就违反了相关的法律,应当由价格主管部门进行查处。

(3)商家不可以强迫旅游者购物。旅游购物的实质,就是旅游者和商家之间形成了买卖合同关系,经过旅游者和商家的协商和谈判,最后由旅游者决定是否购买商品、购买多少商品。这些行为都是旅游者和商家的自觉自愿行为,符合法律规定,其买卖行为受法律保护。如果商家强迫旅游者购物,则另当别论,商家不仅要退还旅游者的购物款项,赔偿旅游者的经济损失,并要受到相关部门的行政处罚。

(4)旅游者要为自己的买卖行为负责。旅游者作为完全民事行为能力人,要为自己的行为负责任,包括旅游行程中的购物行为和其他消费行为。旅游者是否购买商品是出于旅游者的自我判断,既不能因为别的旅游者购买了商品,自己就跃跃欲试,冲动购物,也不能因为看到别的商场有同类商品,且价格较低,就要求退货。商品是否真的属于同类、旅游者的比较是否科学、两个商家的经营成本是否相同等问题,都不是能够简单类比的。即使两个商家可以做类比,商品的价格也未必应当千篇一律。旅游者以价格不一为由要求退货,与法律有关民事行为能力的规定不相吻合。

(5)旅行社是否应当协助退货。旅行社带旅游者购物,是基于旅游合同的约定或者旅游合同的变更,是旅行社和旅游者协商一致的产物。如果商家经营资质齐全、没有强迫旅游者购物、没有价格欺诈、没有强迫购物,旅游者和商家之间的买卖合同和旅行社无关。在此前提下,如果仅仅是因为旅游者觉得价格高,旅行社没有帮助旅游者退货的义务,因为旅游者要求退货的理由不充分。当然,商家诚信经营、规范经营是减少购物纠纷发生的一个关键所在。

87 旅游者认为强迫消费,为什么需要旅行社承担举证责任?

案例

张先生参加了某旅行社组织的出境旅游团,行程结束后立即到旅游主管部门投诉旅行社强迫自费。旅游主管部门要求旅行社提供证据,证明强迫自费不存在,否则将承担民事责任。旅行社积极配合旅游主管部门的调查核实的同时提出疑问,按照"谁主张谁举证"原则,既然旅游者提出强迫自费的主张,为什么不是旅游者而是旅行社需要证明没有强迫自费的举证责任呢?

评析

在民事纠纷处理中,"谁主张谁举证"是人人皆知的原则,在旅游纠纷的处理中也不例外。通常情况下,旅游者向旅游主管部门投诉,如旅行社降低服务标准等,要求旅行社承担赔偿责任,旅游者需要向旅游主管部门提供相应证据,否则旅游者承担不利后果,该投诉主张也难以得到支持。但在一些特殊情况下,旅游者提出投诉请求后,并不需要提供强有力的证据,证明责任反而要由旅行社承担,有点类似于举证责任倒置,上述案例出现的情况即为一例。举证责任如此分配,依据何在?如此分配举证责任,是否对旅行社不公平?

(1)自费项目的性质

旅游行程中增加自费项目,不外乎两种方式:一种是经过旅行社和旅游者双方协商,对原有旅游合同作出变更,即对原旅游合同中约定的服务内容作出调整,这种方式是法律所许可的;另一种方式,旅行社强迫或者变相强迫旅游者参加自费项目,这种方式被法律所禁止。不论是何种方式,结果都是原旅游合同的约定和实际服务内容不一致,协商一致的情形为合同变更,另一种情形就是强迫消费。

按照《旅游法》《合同法》等相关规定,旅游合同一经签订,旅行社和旅游者双方当事人必须严格按照合同约定,履行各自的义务、实现各自的权利,合同内容需要作出变更和调整的,必须经过双方的协商。旅游行程中增加自费项目后减少服务项目,就应当在双方当事人协商一致的基础上进行,否则擅自变更或者调整的一方将承担法律责任。

(2) 举证责任的承担

张先生提出旅行社强迫旅游者自费的主张,就是强调参加自费项目是旅行社的擅自行为,而不是双方协商一致的结果,该行为不是对旅游合同内容的变更;而旅行社则认为,旅游者参加自费项目,出于旅游者和旅行社协商,是旅游合同内容的变更,并不是旅行社强迫的结果。

因此,这里就涉及举证责任承担的问题。究竟是由旅行社来承担举证责任,还是由旅游者来承担举证责任,关系到各自权利的保护。《最高人民法院关于民事诉讼证据的若干规定》第五条规定,在合同纠纷案件中,主张合同关系成立并生效的一方当事人对合同订立和生效的事实承担举证责任;主张合同关系变更、解除、终止、撤销的一方当事人对引起合同关系变动的事实承担举证责任。

对照上述法律规定,既然旅行社认为旅游者参加自费项目是双方协商一致的结果,实质上就是旅行社主张旅游合同关系变更,旅行社对引起旅游合同关系变动的事实承担举证责任,举证责任由旅行社来承担,而不是由旅游者来举证旅行社的强迫自费行为。虽然该主张是旅游者提出的,假如旅行社不能提供证明自费项目是协商一致的结果,就推定旅行社强迫旅游者参加自费项目,旅行社就必须退还旅游者交纳的自费项目的费用,并承担相关行政责任。

(3) 旅行社如何做好举证工作

既然强迫消费的举证责任应当由旅行社来承担,旅行社在日常操作中,就必须做好以下工作:

首先,旅行社要强化合同意识。对从业人员,尤其是对导游领队人员进行教育培训,将遵守合同约定意识灌输于旅游服务全过程,防止随意变更合同行为的发生。其次,旅行社要强化证据意识。如果旅游行程需要作出调整,旅行社要事先征得旅游者的书面同意,而不是口头同意,很多案例告诉我们,口头约定同意的最后结果是旅行社赔钱,因为仅仅有口头约定,旅行社的举证将十分困难。如果不能得到旅游者的书面同意,旅游合同就不能变更,旅行社必须严格按照合同约定提供服务,否则一旦产生纠纷,旅行社难逃责任。

88 旅游者无条件退货真的无条件吗?

案例

王小姐向旅游主管部门投诉,反映旅行社不信守承诺,在合理期限内不为她办理退货手续。经过了解,王小姐的确要求旅行社帮助其退货,因为购物商场可六个月无条件退货,但王小姐的商品磨损较为严重,无法退货。所以,商家的无条件退货,真的没有任何附加条件吗?

评析

首先,无条件退货的含义。所谓无条件退货,并不是法律规定,而是一些商家为了吸引旅游者前来购物的促销手段,如香港地区等,针对团队旅游者做出的特别承诺。只要在一定期限内,如旅游者对所购商品不满意,就可以"无条件"退货。旅游购物无条件退货,是商家对于旅游者的承诺,表明对于所售商品品质的自信,其出发点是鼓励旅游者大胆放心购物,而不是真的希望旅游者反复退货。所以,无条件退货是商家的一种态度、一种保证、一种促销手段、一种营销策略。而这些所谓"无条件退货",并不是真的绝对无条件,旅游者需要退货,仍然需要办理相关手续。

其次,无条件退货并不是绝对无条件。旅游者要退还所购的商品并不是人们想象得那样简单,可以不附带任何条件,随意要求商家退货。商家所说的无条件是相对的,不是绝对的。以香港团队旅游为例,所谓的无条件退货,至少还需要满足以下几个条件,旅游者才能顺利退货:

(1)旅游者必须在一定的期限内提出退货。商家承诺六个月内可以无条件退货,本质上是商家提出的附条件合同,只有满足这个条件,商家的承诺才可以兑现。因此,旅游者如果对所购商品不满意,必须在购买之日起六个月内提出退货的请求,超过期限的,商家概不受理。如果旅游者坚持提出退货,商家受理,实际上就是损害了商家的正当利益。

（2）旅游者必须确保商品不影响第二次销售。也就是说，旅游者不能损害所购商品的质量，例如商品没有被磨损等。如果商品被旅游者消耗或者损坏，就不能提出退货要求。同时，商家还要确保商品外包装完好无损，这也是不影响第二次销售的组成部分。因为商家不可能为旅游者的行为买单，旅游者所退商品，商家还会用于出售。

（3）旅游者必须提供购货凭证。购货凭证是旅游者与商家存在买卖合同关系的重要凭证，所购商品本身并不能说明与特定的商家有合同关系。因此，旅游者必须提供所购商品的购物凭证，证明该商品出自这个商家，否则商家也不会受理。这就要求旅游者在购物时，一定要向商家索要购物凭证，为日后商品维修和维权做好基础性的工作。

（4）可能还涉及一些费用。旅游者要退货，可能会相应产生一些费用。如果旅游者通过刷卡购物，由于有刷卡手续费的产生，商家就会要求旅游者来承担；如果商品有损耗，商家就会要求旅游者承担一定额度的损耗费等。只要商家合情合理地提出，旅游者就不能拒绝。

再次，旅游者应善意地利用退货规则。旅游者在慎重购物，尤其是慎重选购贵重物品的同时，要善意地利用无条件退货的规定，而不能利用规则钻空子。如妥善保管和使用所购商品，属于自己使用不当造成的损失，不能要求商家退货；超过期限的商品也不能退货等。旅游者自身有过错或者疏忽，达不到无条件退货的条件而强行要求退货，就属于非善意。

第四，导游领队必须履行职责。除了旅游行前会的说明外，在带领旅游者参加购物时，导游领队有义务告诉旅游者无条件退货的要求，不能简单地告诉旅游者，在香港等地购物不满意就可以无条件退货，而是要向旅游者解释退货的条件。如果没有详尽地做出说明，就有误导旅游者购物之嫌。

89 为什么旅行社举证以书面形式最为合适？

案例

林先生全家参加了旅行社组织的出境旅游，在旅游行程中的服务总体还可以，唯独导游不断地向他们推荐自费项目，要求他们必须参加每人1000元的自费项目，这让李先生感到很反感。虽然最后每人只参加了500元的自费项目，但并非出自李先生等人的意愿。行程结束后，李先生还是向旅游主管部门投诉，要求旅行社退还自费项目的费用。旅行社回应说,旅游者并没有反对参加自费,要求退款依据不足。旅游者则要求旅行社出示他同意参加自费项目的证据,旅行社说只有口头协议。

评析

(1)协商与否成为核心。自费项目的增加、购物店的增加,或者其他服务项目的增减,是旅行社服务中经常出现的现象,不能简单地说这种现象好还是不好,对还是不对,关键要看旅游行程和服务变动的程序是否合法,提出变动的一方是否诚信。只要是旅行社和旅游者双方协商一致,就是旅游合同变更,就符合法律规定,应当受到法律的保护;相反,如果不经双方协商,是旅行社或者旅游者单方行为,属于擅自行为,就不符合法律规定,擅自变动的一方应当对产生的后果承担责任。

(2)协商一致的表现形式。按照《合同法》的一般规定,签订合同、合同变更的形式既可以是书面形式,也可以是口头形式和系统形式,《旅游法》仅仅是要求包价旅游合同是书面形式。因此,从理论上说,旅行社和旅游者就自费项目、购物等达成新的协议,可以根据需求,采用书面形式或者口头形式,并不是说书面形式是唯一的形式。建议旅行社增加自费和购物时,采用书面形式最为合适,主要是因为旅游者就增加自费和购物投诉后,如果不是书面形式,旅行社举证会很困难,面临不利后果。

(3)是否擅自增加自费项目的举证方为旅行社。按照《最高人民法院关于民事诉讼证据的若干规定》第五条的规定,当旅游者提出旅行社擅自增加自费项目,强迫旅游者消费时,举证责任方是旅行社。旅行社提供证据证明,增加自费项目是出自双方的协商,而不是旅行社的擅自行为。如果旅行社不能充分证明增加自费项目是协商一致的结果,就可以反推旅行社强迫旅游者参加自费项目。这样的结果是旅行社难以承受的:全额退还旅游者交纳的自费项目费用;违法的旅行社接受旅游主管部门的行政处罚。

(4)为什么说书面形式最合适。要证明旅行社增加自费项目、购物活动,或者增加服务项目,是经与旅游者协商的,不是旅行社的单方擅自行为,书面形式最适合作为证据。因为书面证据具有有形性,可以直接呈现出来;而不像口头协议那样,如果一方当事人不承认有过协商,另一方当事人就无计可施,这是我们在处理旅行社服务纠纷时常看到的一幕。所以,为了确保旅游投诉处理的效率,尤其是为了保障合同当事人双方的合法权益,当旅游服务项目有变动时,应当采用书面形式,固定旅行社和旅游者协商的结果,而不仅仅是靠口头的君子协定。

(5)纸质书面形式最为简便高效。毫无疑问,纸质形式是传统的书面形式,但随着科技的进步,书面形式的外延和内涵都有了质的飞跃。现在所谓的书面形式,不仅包含纸质的书面形式,还包含了以电子合同为代表的电子数据形式,比如录音、录像等形式。从处理纠纷便捷高效性看,纸质形式仍然是最为直观高效的形式,和电子合同、录像、录音相比仍然具有较多的优势,采用电子数据形式,需要一定的时间和精力来解决实名论证的问题。因此,选择纸质形式,对于处理纠纷,仍然是最为优选的方式之一。

90 自费项目变更领队该做些什么

案例

春节期间,胡先生等参加了某旅行社组织的巴厘岛旅游。按照《旅游法》和《旅行社条例》的规定,在报名阶段,旅行社为胡先生等提供了在巴厘岛的自费项目一览表,胡先生等选择了"滑水道、香蕉船、浮浅或是半潜水艇参观珊瑚"等自费项目。旅行社承诺该自费项目的费用为每人95美元。到达巴厘岛后,地陪告诉胡先生等,不能提供半潜水艇参观珊瑚项目,而可以更改为全潜水艇参观海底世界,其他服务档次和内容也随之提高,但费用增加到每人165美元。经过考虑后,胡先生等接受建议,参加了全潜水艇参观海底世界项目。回到国内后,胡先生仔细对照了自费项目表,觉得得到的服务并没有提升,地陪多收了自费项目的费用,遂要求旅行社退还每人70美元,旅行社则坚持自费项目的变更已经征得了游客的同意,不肯退还相关费用。双方的商谈不欢而散,最后向旅游管理部门投诉。

评析

就目前而言,自费项目的投诉热点集中在强迫或者变相强迫游客选择自费项目,像上述案例中的纠纷类型相对较少。其实,自费项目和旅游合同变更一样,只要旅行社和游客达成了一致,自费项目的变更没有任何法律上的障碍,问题主要是领队和地陪如何具体操作。

首先,变更自费项目时领队应当征得游客的同意。只要游客自愿参加,自费项目仍然是旅游合同的组成部分,当然可以随时增加或者减少。不论是增加还是减少,其基本原则就是,必须履行告知义务,告知变更前后服务项目的原因及服务项目的区别,在此基础上,征得游客的书面同意。在上述案例中领队就缺少了这样的证据,这使得后果对旅行社不利。

其次,领队应当取得书面证据。领队应当取得的书面证据包括,领队告知变更自费项目的原因、替代项目的组成、游客同意变更等内容。上述案例的主要症结就在于没有强有力的证据证明。虽然在发生自费项目变更时,领队已及时向胡先生等做出了详尽的解释,特别是已经说明了两个自费项目所包含的内容不同、收费也不同,但如果领队能够证明他已经做好了这一切,并且有书面的证据证明,胡先生等要求退还每人70美元的要求肯定得不到支持。

再次,是否参加全潜水艇参观海底世界应当由旅行社证明。旅行社提出,游客已经参加全潜水艇参观海底世界项目,如果游客认为是参加了半潜水艇参观珊瑚,游客应当承担举证责任。旅行社这个观点是错误的,按照《最高人民法院关于民事诉讼证据的若干规定》第5条规定,对合同是否履行发生争议的,由负有履行义务的当事人承担举证责任。如果旅行社不能提供有效证明,旅行社就要承担不利的后果,退还胡先生等每人70美元。

91 面对天气变化领队应有所作为

▶ 案例

春节黄金周期间,钱先生同家人参加了某国际旅行社组织的澳洲12日游。按照合同约定,他们从悉尼乘坐飞机前往凯恩斯。但到达凯恩斯机场时,地陪告诉钱先生等,凯恩斯正面临飓风袭击,旅游行程将被取消,游客们必须在酒店等候。据钱先生等抱怨,原本在凯恩斯的两晚三天的游览行程,却在无尽的等待与恐惧中度过。行程结束后,钱先生等通过网络得知,在他们前往凯恩斯之前,当地气象部门已经作出预报,我国驻布里斯班领馆也发出了预警,但旅行社仍然把钱先生等送往了飓风袭击地。他们认为旅行社的行为极不负责,领队工作极不尽职,要求旅行社赔偿精神损害1万元。旅游管理部门事后介入调查。旅行社承认,当地时间17时的确有飓风预警,但当时旅行社并不知情,钱先生等是乘坐19时30分的飞机前往凯恩斯的,给钱先生等造成困扰。旅游管理部门认为，旅行社没有及时注意到当地气象预报，并采取果断措施，存在工作过失，应当承担责任。旅行社也愿意承担责任，但双方就赔偿数额不能达成协议，调解破裂。

评析

出境游旅游目的地的进一步扩大，对于组团旅行社而言是一把双刃剑：一方面，可以为旅行社提供更多的组团线路，旅行社的盈利空间可以因此而增加；但另一方面，旅游目的地的不确定性，又对旅行社的应变能力提出了更高的要求。如果旅行社没有充分的应变对策，稍有不慎，就会给旅游团带来损失。

首先，组团旅行社要时刻关注旅游目的地的动态。旅游目的地的动态，主要包括自然天气变化、政治局势变化，这两个方面的动态，是旅游行程能否顺利完成的决定性因素。上述案例中的旅行社，显然没有做到这一点。当飓风来临前，凯恩斯（包括悉尼）的地接旅行社必定知道当地的情况，也必定知道飓风预警，但却没有及时向组团旅行社报告，地接旅行社的失职是明显的。同时，在信息全球化的今天，组团旅行社完全可以通过互联网等工具，了解旅游目的地的情况，根据不同的情况，通知领队和地接旅行社及时采取果断措施。

其次，领队要征求大多数游客的意见。领队在旅游途中同样必须关注旅游目的地的动态情况。上述案例中，由于悉尼飞往凯恩斯的航班正常，而飓风的影响到底有多大是个变数，在此情况下，领队应当将旅游目的地的实际状况清楚明白地告诉游客，由游客作出选择，按照少数服从多数的原则，决定旅游行程的走向。

再次，领队要保留书面证据。领队要保留的书面证据至少应包括两个方面：一是游客同意前往原计划目的地或者改变行程的证据；二是旅游行程改变后，增加或者减少的旅游费用的分摊办法。这些书面证据应当有全体游客签字同意。

92 迟延履行不能免除民事责任

案例

钱先生参加了出境旅行社组织的出国十五日游。按照行程计划，到达旅游目的地的第二天将游览某著名景点。地陪和领队商议，将游该景点的行程改在第三天，而钱先生等事先并不知情。就在第二天晚上，一场突如其来的大雪使旅游车无法抵达该景点，游览计划被迫取消。钱先生等游客回国后，要求旅行社按照合同约定，承担全额旅游团款5%的违约金，共计每人赔偿800元。而旅行社负责人不愿意承担违约责任，他们认为旅行社和领队都有调整行程的权利，造成景点不能游览的原因是不可抗力，旅行社和领队均没有过错。虽然该景点非常著名，但由于是免费开放的，因此旅行社只愿意原价退还交通和导游费用共计每人150元。协商未果，钱先生向旅游管理部门投诉，要求旅行社承担责任。

评析

组团旅行社负责人强调的理由是否成立，直接关系到纠纷的性质及赔偿数额。取消该景点的原因究竟是不可抗力，还是旅行社违约？领队究竟是否拥有行程调整的权利？

首先，案例中领队的做法实为违约行为。从表面上看，游览景点计划被取消的直接原因是由于不期而至的大雪，属于不可抗力。但实际情况是，若地陪和领队按照原计划履行合同，该团队本来完全可以在大雪到来前，按照约定完成游览著名景点的计划，避免这起纠纷的产生。游览计划的被迫取消是导游员违反约定人为造成的，没有地陪和领队的擅自变更，就不会产生旅游行程被取消的后果，违约与取消行程之间存在因果关系。《合同法》规定，因不可抗力不能履行合同的，根据不可抗力的影响，部分或者全部免除责任，但法律另有规定的除外。当事人迟延履行合同后发生不可抗力的，不能免除责任。根据此项规定，旅行社负责人的说法显然不成立，旅行社应按合同约定承担赔偿责任。

其次，行程调整必须协商一致。根据合同自愿原则，合同双方当事人可以就合同的签订、履行、转让、变更、解除等内容自愿达成协议，这样达成的协议应当受到保护和尊重。在履行旅游合同的过程中，旅行社和游客有权就双方的权利、义务协商一致,并在此基础上进行变更。旅游合同变更的关键是充分尊重双方当事人。案例中地陪和领队协商后就变更行程,而没有与钱先生等游客协商,属于领队和地陪擅自变更行程的违约行为。因违约给对方造成损失的,应当承担赔偿责任。导游员随意变更旅游行程,实质上是对游客合法权利的侵犯。

假如地陪和领队事先与游客协商,将著名景点调整到第三天,并取得了钱先生等游客的同意。发生上述同样情况时,旅行社负责人的理由是成立的,旅行社就不需要承担违约责任。

旅游安全篇

　　近年来，尤其是美国"9·11"事件发生后，华人遇袭事件频发，游客被劫、被窃事件也时有发生。同时，由于世界各地的气候不同、温差大，有些游客会因水土不服等原因导致身体不适而引发各种病症，或者在旅游中发生意外伤害甚至猝死，这些现象也不鲜见。

　　领队作为团队的核心，也因此担负着极具挑战性的工作任务。尤其是在境外，领队既要代表组团旅行社的利益，又要保护客人的合法权益，保证每一位游客的安全和旅游服务质量，把客人一个不少地、安安全全地带回来。同时，游客的个人财产也要得到切实的维护。在整个境外旅游过程中，领队要负责处理所遇到的各种突发问题。而能否处理好这些问题，无疑是对领队综合素质的考验。

93 海啸袭来 率团机智避险创奇迹

▶ 案例

  2004年的印度洋海啸无情地夺走了20多万人的生命,其中还有不少人是来自世界各国的游客,他们身在异国他乡却意外地踏上了不归之路。而她,年纪只有24岁、身高不到1.6米的文弱姑娘,却凭着她的机智、敏捷、勇敢和领队心头沉甸甸的责任,率领正在泰国普吉岛观光的26名杭州游客与印度洋的海啸巨浪展开生死搏斗,并抢在巨浪前头把大家带到了相对安全的区域,使整个旅游团26名团员最终能够平安回到祖国,谱写了一曲动人的生命之歌。

  2004年12月26日,蔡玮伟带领一支由26名杭州游客组成的旅游团赴泰国普吉岛游览,并乘坐当地时间上午8点30分的班船前往PP岛。上午11点左右,旅游团到达PP岛码头后,大家立刻被如诗如画的海岛风光迷住了,纷纷拿出照相机和DV狂拍起来。这时细心的小蔡突然发现海岸边的水正在迅速地后退,导致码头的船只都搁浅了,因为这种现象以前从来没有发生过,所以引起了她的警惕。她心里突然涌上了一种不祥的感觉,此时她突然想起无意中曾读过的一本有关海啸的书,书中说海啸之前,海水退潮的速度很快。同时她又看见远处的海水正在快速的回涨。小蔡马上预感到了眼前的危险,因为正常的涨潮落潮不可能有这么快的速度和这么大的幅度。她当机立断,大声地对所有团友喊:"大家赶快往酒店方向跑!有危险!"但是客人们都玩在兴头上,根本没有意识到危险即将到来。看着不远处迅速靠近的海水,蔡玮伟着急了,她用尽全身力气、撕心裂肺地对着客人们大喊:"海水涨来了,大家快往酒店楼上跑,大家快往楼上跑!"游客们定睛一看,才明白事态的严重性,分别向酒店的主、副两楼狂奔。就在他们跑进酒店大门的瞬间,酒店的背面正有一股巨浪向几栋楼席卷而来,若是再迟上几十秒钟,后果将不堪设想……奔进酒店后,当时大堂里还有不少外国游客并不知道外面所发生的危险,都以怀疑的眼光打量着这班气喘吁吁又惊魂未定的游客。小蔡在楼梯上加劲催促团友们"快上楼,快上楼",同时还用英语大喊了一声:"海水来了,快上楼!"就在这时,海水已经破门而入。外国游客这才反应过来,纷纷向楼梯口飞奔。小蔡跑在团友的最后,就在她们逃到酒店三楼的一刹那,一楼、二楼都已经被汹涌的海水淹没。有不少外国游客因为迟了一步,被冲倒在海水中再也没有起来;还有部分外国游客虽然奋力从海浪中挣脱出来,好不容易爬上了楼梯,但已经被海水卷来的器物击伤而全身是血,酒店

出境旅游领队工作案例解析

到处都是尖叫声、哭喊声……

眼前的一幕幕让情绪稍稍稳定的小蔡立即反应过来：自己人有没有全部上楼，现在有没有脱险？她马上让周边的团员集中在一起，结果一清点却只有14位。另外12位上哪去了？小蔡一颗心立刻提到了嗓子眼。这时她已经顾不上害怕，也顾不上后面是否还有大浪。她把自己的生死置之度外，脑子里只有一个念头"赶紧去找人"。因为与26名团友相处时间还只有短短的两天，彼此还不够熟悉，她就用手机拍下了14位团友的面容以便对照查找其他团友。在简单安顿好14名游客后，她立即挨个房间去敲门、大喊、寻找……敲遍了三楼所有的房间，但毫无收获。于是她又涉水到二楼去寻找，同样也没有发现。直到最后才发现团队中有8位客人慌乱中跑到副楼上去了，小蔡马上设法把他们接到主楼和14位客人会合。但是，还有4个人呢？这时的潮水已经慢慢退了下去，但是4位团友的失踪仍让小蔡心急如焚。于是她让所有的客人在阳台上一起大声呼喊4个失踪者的名字。喊了很久，终于从隔壁一幢副楼的平台上传来了回应声。小蔡赶紧与另一名自告奋勇的小伙子王某一起赶往副楼，因为一楼过道里海浪卷来的杂物已经堆积如山，两个人只能手脚并用地爬了上去。到达阳台后，现场的一幕让小蔡大吃一惊：一名女团友躺在地上，手臂上有个很大的伤口，骨头都露出来了，鲜血直流，身边有很多呕吐物；另一位男团友左脚背上的肉全被玻璃碎片削掉了。这时的小蔡已经根本顾不上脏和乱，强迫自己镇定下来，运用导游领队培训中所学到的急救知识，用酒店里的毛巾给她包扎，压迫血管替她止血。就在紧急处理伤口的过程中，又听到有人大喊："第二拨潮水又逼近了！"她们只能扶起伤员，以最快的速度通过平台上临时用桌子、椅子搭起的楼梯向楼顶爬去。

上到副楼楼顶之后，小蔡稍稍恢复了一点体力，便马上掏出手机向国内报告情况，公司领导在电话里一再鼓励小蔡让她坚持住，一定要尽力照顾好每一位游客！有了领导在后方的鼓励，她忘记了疲惫又投入到救助伤员的行列。当时的副楼顶上除小蔡几个人以外，还有一些外国散客，大多数都受了伤。小蔡在处理好自己团员的伤势后，不顾自己疲惫的身体，主动帮助几个掉队的外国游客包扎伤口，还把自己背包里仅剩的小半瓶矿泉水一口一口地喂给了一名素不相识但因重伤急需补水的欧洲旅客。这些举动赢得了在场所有游客的好感。3个小时后，团里另外几名小伙子也到达了他们这幢副楼的楼顶，大家合力把2名伤员抬到了主楼的三楼。但是刚刚到达三楼，酒店的负责人通知说由于海浪冲击，这幢大楼的瓦斯容器破裂并泄漏，让所有在场的人立刻撤离到副楼的平台上。为了减轻移动过程中伤员的痛楚，小蔡灵机一动，带着几个小伙子拆下门板抬上2名伤员，冒着浓烈的瓦斯气味以最快的速度撤离现场……

当时有来自各方面的消息说,晚上可能还会有30多米高的巨浪。为了保险起见,小蔡与团友们商量后决定爬上酒店背后的小山上去过一夜。小蔡临时组织了几个人从客房里找来了一些毛毯、点心和矿泉水,让大家分别带上御寒充饥。由于海水冲刷过的路面很滑,小蔡就动员大家边走边捡那些被水冲到路边的鞋子,换下脚上的拖鞋,以方便走路和爬山。在爬到一个近80米高的平坡后,她运用自己学到的热带雨林防护知识,让大家把床单撕碎,分别扎紧袖口和裤腿,坐在一起,以防蛇虫。她还和团里的几个小伙子趁着空隙和当地人一起砍了些树木,又向同在一个坡上避险的一名华侨借了一口锅,生起火煮了点水,把全团唯一一包方便面给泡了,大家谦让着你喝一口我喝一口,谁也不肯多喝,温暖就这样传递着……暂时安顿下来后,虽然团友们几次劝小蔡坐下来好好休息一下,但肩负20多人生命财产安全的责任还是让她保持了高度的警觉,小蔡抵住了一阵阵袭来的疲倦和睡意,目光始终不离团友周围,瞌睡了就站起来巡视一圈,累了再坐下休息片刻,望着月亮一点点升起又一点点落下……向来活泼开朗的她第一次尝到了度日如年的感觉,在PP岛的山坡上度过了一个让她终生难忘的不眠之夜。27日凌晨,当地接旅行社的负责人告知另外两位一直失踪的团员已经找到,并已经安全地在普吉岛酒店休息了,全团的人都为这个好消息兴奋地鼓起掌来。27日清晨,小蔡带领的24名团员顺利地搭上了第一艘救生船,2个小时后又顺利抵达普吉岛码头,并在酒店与另两名失踪一昼夜的团友会合。在国家旅游局和中国驻泰国大使馆的努力下,28日凌晨他们又搭乘东航班机,于当地时间凌晨2点40分飞离普吉岛,北京时间上午7点50分顺利到达上海浦东国际机场,全团一个不少地回到了祖国的怀抱。

评析

首先,蔡玮伟在2004年12月24日海啸事件中的每一段感人的事迹,都诠释着"先人后己"的精神。显示了中国年轻的导游队伍拼搏进取、爱岗敬业、乐于奉献、全心全意的优良作风。

其次,遇事冷静,结合平时积累的业务知识,做出正确的判断。在与死亡搏斗中,小蔡帮助游客自救与互救。她的半瓶"救命水"使一位身受重伤、奄奄一息的外国游客坚持到获救为止;她挽救了全团游客的生命,最后一个也不少地将旅游团带回国。

再次,作为领队,应当使游客在危难中得到身心上的关心和安慰。领队的精神能够感染每位游客,使全团在危难中形成一股团结、友爱的氛围。

94　10岁小女孩的脚趾被电梯夹住之后

▶▶ 案例

2004年8月20日,某旅游团一行30人赴澳港旅游。按行程在香港的最后一天为自由活动时间。旅游团中绝大多数客人都想去尖沙咀游览。考虑到该团是第一次出境旅游,虽然是自由活动,一项认真负责的领队小周表示愿意陪同客人前往,结果自由活动变成了全团活动。

小周带全团到了炮台山地铁站并帮助全团购买了地铁票,接着乘手扶电梯去站台等候。当电梯向下滑动,离地面还剩下6个台阶时,突然听到前面一声尖叫,整个电梯戛然停止,领队连忙冲下电梯,发现团里一名10岁小女孩的脚被卡在电梯边沿与皮带之间的夹缝里,小女孩的母亲用力想把她的脚从电梯的夹缝里拉出来,小女孩痛得惨叫,小周立即用手机报警。两分钟内,地铁站的两名警察赶到事故现场,在他们的建议和帮助下,先用刀子将小女孩的凉鞋割破,再用力慢慢地将小女孩的脚拉出来(小周用自己的数码相机将此过程拍下)。小女孩痛得不能站立,她的母亲边哭边对着小周喊:"我们是参加你们的旅游团来的,出了事情得找你们算账……"小周背起小女孩,以同情和热心的语气对这位母亲说:"不要哭,先救治孩子的伤。"在两名警察的提议下,他们先进入地铁站的监控室,发现小女孩的脚背和三个脚趾红肿,监控室的工作人员马上致电消防急救中心。5分钟后急救车到达。在等救护车的几分钟内,小周请求监控室出一张事故经过的证明。电脑打出来的英文证明基本内容为:警方闭路电视的显示及分析,事故责任不在他方,作为孩子的母亲,乘电梯时有监护孩子的义务。同时,闭路电视显示,乘电梯时所有的客人都靠右站,唯有小女孩和她母亲是靠左侧站立,小女孩的脚还不停地往电梯夹缝处踢着玩。

之后小周背着受伤的小女孩,同她的母亲一道去香港某医院接受检查和治疗。经X光检查,发现小女孩的左脚三个脚趾骨折,治疗和包扎后,孩子的疼痛减轻并停止哭泣。领队询问医生是否需住院治疗或可以跟团返程。医生说:"回去后继续治疗,孩子的脚趾骨折处已用软胶夹板包扎,很快会复位,可以跟团返程,但是要穿宽松的鞋子,可以扶着她行走,脚跟着地,痛了就背她一会……"小周请求医生将诊断书写得详细一点,医生理解了领队的意思后,将治疗的经过及处理意见写得很详细。

小周一路背着小女孩,一边还招呼着30多位游客,一起返回酒店。在香港的最后一晚,根据组团社的要求,小周发给每位客人一个带双面胶的信封,内有"领队服务质量反馈表",并对客人说:"表扬的话不必多写,只要求大家为我证明一下,在炮台山地铁站上电梯之前,我把大家集中起来,提醒上电梯时注意安全,在电梯上都靠右侧站稳,左侧留给一些因急事上下跑动的人,我还说这是香港人的规矩。如果大家听到了就写上,没听见的人就不要写。"当晚小周又帮助小女孩的母亲写了回程办理旅游意外保险的申请书,并附上充足的证明材料。

第二天去机场,过关时,领队向有关官员说明小女孩的情况,要求走特别通道并提供轮椅。小周对这一事故的处理和所做的努力获得全体团员的高度评价,小女孩的母亲也多次向他表示感谢。回程后组团社投保的保险公司按有关规定,给了受伤小女孩赔偿金。但没过多久,小女孩的母亲致电小周,要与他见面。这位女士因为旅游意外保险的赔偿与她的期望值相差甚远,找到领队后又提出:"这次我女儿受伤你有责任,我们没上过这种电梯,不知道在电梯上还会受伤,我护理女儿,应该拿误工费、营养费,如有后遗症还要保留赔偿的权利,还有误学费,另外港澳旅游的所有费用应给予全额报销。"

听了这位母亲的话后,小周虽然感到内心酸楚,但仍然在行为上克制自己,维护客我双方的利益,将所有的材料:(1)香港地铁监控室的证明;(2)香港医生诊断书;(3)报警号码及警方对事故的裁判证明;(4)他用数码相机拍的出事经过;(5)全团填写的"领队服务反馈表";(6)组团社投保的保险公司赔偿金额的细分表等复印件全部给她。临走时,这位母亲说:"我可能还要投诉或者上告。"小周平静地说:"没关系,这是你的权利,有什么需要我做的事,给我打电话。"令人欣慰的是,这位母亲最终并未如此做,快过春节时,还领着活蹦乱跳的小女孩到公司来看周叔叔。

评析

第一,从上述案例中可以看出小周是一位思维敏捷、业务熟悉的优秀领队。在处理突发事件时,坚持四步方针:(1)先救治受伤者,并紧急呼救;(2)采取各种措施保护现场;(3)准备和收集尽量多的证明材料;(4)服务周到。

第二,提醒服务是领队工作的法宝。作为领队,从带团的那一刻开始,就担负着通过预防和提醒,保证游客人身和财务安全的责任。领队人员要身体力行,认真仔细地做好每一环节的服务。其中的提醒服务是不可或缺的重复服务。所谓提醒指的是督促客人,或是指点客人注意安全、尊重习俗,告知过关时对携带物品限制的要求等。提醒服务可以通过语言、肢体警示(用手指着某个方向),乃至一个警示的眼神来完成。

第三,根据经验,非理性投诉通常情况下责任主要在游客一方,即使责任在组团社或地接社,客人也常会将所发生的事实夸大,力图获得多一些的赔偿。发生此状况的原因主要是客人对旅游质量和旅游法规理解存在偏差。

第四,在非理性投诉中,还存在着滥用精神损失赔偿和提出不切实际的巨额赔偿的现象。

第五,有些游客对法律法规意识淡薄,不愿承担自己的责任,强词夺理,逃避自己应负的经济损失。此案例中,领队提醒服务做得细致,而且有举证材料,体现了其优秀的专业素质,也避免了一些不必要的纠纷。

95 她的机智使团队的处境转危为安

》》案例

2005年"五一"黄金周期间,领队A小姐带领一个20人的旅游团队赴韩国旅游。航班准点抵达首尔机场。他们到了出口处见到来迎接该团的地陪吴先生,他很热情有礼貌地向全体客人问候之后,便兴致勃勃地带领大家登上旅游巴士。客人们各自将行李放在巴士下面的行李库内,上了巴士找好位置坐下。A小姐清点了人数,又趁着司机和导游员放行李的时间,强调了几点注意事项。

这时,客人们被突如其来的呵斥声镇住,只见巴士司机冲着客人用韩语打着手势不停地喊着让客人下车,正当大家摸不着头脑、不知所措时,突然有一位客人大声喊起来:"快看,司机和导游员在下边打起来了!"大家随着声音往下看,只见吴先生和刚才上车喊话的那位司机扭打起来。A小姐见此情形,心中顿时明白了一半,她急中生智,对着客人委婉地解释,让大家暂时下车,拿好自己的行李先回候机大厅等候,并答应客人立即搞清事情的真相。此时客人中有的诧异,有的嘟嘟囔囔地责备,更有甚者开始小声地骂人了。

A小姐一刻不停地安慰客人:"请相信我,相信我的公司,我们在韩国的合作旅行社都是信誉很好的。"一边又急忙致电当地接待社汇报此事,要求马上另派一辆巴士。但是,很长时间过去了,仍然不见导游员和司机出现。这时,旅游团中一部分人开始感到恐惧不安和愤怒了。"韩国不是一个文明的国家吗?首尔不是一个文明的城市吗？怎么这里的导游员和司机会打架啊？"正在这时，只见导游员吴先生从大厅的入口处飞奔进来，两名警察在后面追。一瞬间又不见了人影。这时，客人耐不住了，几位老年客人更是气愤："今天碰到的事让我们受了很多惊吓，浪费了我们快2个小时，要赔偿的！还要赔偿精神损失，回去我们要投诉！"因为黄金周假期，入境大厅的中国团队川流不息，人多、天气又热、没地方坐，A小姐跑到外面双手捧着一箱矿泉水，快速发给每个客人。大约又过了30分钟，A小姐向大家说："大家不要走动，我出去打电话。"A小姐刚出门就看见吴先生满头大汗跑过来，她拉着吴先生说："走，咱们去买饮料和点心，现在客人又热又饿，路上给我说几句，发生了什么事？"不到5分钟，两人一道进来，A小姐给大家分点心，吴先生先给大家深深地鞠了一躬，说："实在对不起大家，事情已经过去了，我会解释清楚的。"说完就带领大家上了一辆新的巴士，趁着吴先生和那位新更换的司机往巴士的行李库放行李的时间，A小姐先跳上车，拿起话筒说："刚才发生的事情，责任不在吴导游员，他们在摆放行李时，司机用力过重，把一位客人的行李箱把手弄坏了，吴先生见状十分不满，与司机争吵起来，指责司机这样扔行李是对中国客人的不尊重，司机听后大为恼怒，随即责怪他年纪轻轻地教训自己是对韩国人的非礼，这样你一言我一语地谁也不让谁，就发生了肢体冲突，韩国司机随即报警，指责导游员打人。在韩国打人是犯法的，要追究法律责任的，接下来就发生了你们刚才看到的那一幕……"A小姐还告诉了客人警察对此事的处理结果，只是教训了一下吴先生，因为有旁证看到司机先动手的，讲述时A小姐把侧重点放在了导游员维护客人的利益，才发生了与司机打架的事这一点上，希望大家理解导游员的用心，他的初衷是好的。客人静静地听着A小姐的讲述，不断地点头，从刚才的愤怒、激动、不满逐渐转变为安静、理解和微笑。此时导游员上了车，很愧疚地说："太对不起大家了，耽误了大家很长时间，我会努力给大家补上，咱们先去用午餐。"

离机场不远处，旅游团到了一家饭店开始用午餐，领队利用客人用餐时间，对司机说了些好话，求他帮忙把那只把手坏了的旅行箱提出来。她和吴先生一道拎着旅行箱到对面的五星级酒店找到一位导游员熟悉的技工修好了行李箱把手。客人用完午餐，在司机的指引下上了巴士，几分钟后，吴先生拎着一个大旅行箱，领队面带笑容地回来了。他们请司机打开大巴的行李库，将行李箱放好后才又上了车。全体团员用热烈的掌声和表扬的话语欢迎他们。那位口口声声要投诉的客人，急忙拉着A小姐的手说："我们错怪你们了，你是一位好领队，你工作很细心。"

机场的这一"突发事件"，就这样在掌声、笑声和对导游员、领队的赞扬声中，圆满地解决了。以后的几天里，在他们共同的努力下，顺利完成了在韩国的游览行程。

半个月以后,A小姐收到了一包快件,里面是一只精美的手镯和一封简短的信:"领队A小姐,你是位很称职的领队,做事很用心,我代表全团谢谢你。"

评析

第一,领队必须对突发事件有充分的思想准备。由于旅行社服务的特殊性,组团旅行社对服务供应商的控制能力各不相同,在旅游途中,可能会发生各式各样意想不到的事件,上述案例中的现象仅仅是诸多事件中的一个代表。领队带团出国旅游前,就必须对各种可能性有充分的认识,避免突发事件的发生,不能心存侥幸,否则就难以成为一个真正合格的领队。

第二,领队面对突发事件必须冷静处理。当突发事件发生时,领队必须冷静对待,一方面必须安慰游客,稳定游客的情绪;另一方面必须了解事件真相,并及时和有关部门沟通,尽快妥善处理事件。如果事件超出了领队的能力范围,应及时向组团旅行社和地接社报告,寻求帮助。

第三,领队对他人的批评必须委婉。上述案例中司机和地陪发生肢体冲突,影响了旅游行程,主要原因是司机对地陪的批评方式不能接受。这也给领队另外一个启发,即领队在维护游客权益的过程中,必须以较为委婉的方式进行,而不能激化矛盾。

第四,领队必须履行协助义务,维护游客的权益。突发事件处理完毕后,如果游客的权益受到了损害,领队必须积极协助有关部门和人员,为游客挽回经济损失,正如上述A领队那样,及时为游客修理好行李箱把手,赢得了游客的赞许。

96 领队如何履行安全保障义务

案例

李女士随旅游团出国旅游,旅游目的地是某岛屿国家,在旅游团按照合同约定到手表专卖店购物时,李女士独自一人前往马路对面的土特产商场购买土特产。由于该岛屿国家和我国的交通规则恰好相反:我国车辆和行人均靠右行,而该岛屿国家的车辆和行人均靠左行。李女士对此一时难以适应,在横穿马路时

(并非人行横道)被一辆疾驶而过的车辆撞伤,李女士被及时送往当地医院急救,共花费医疗费用折合人民币3.5万元。由于李女士及其家属拒绝支付医疗费用,领队请示旅行社后,被迫为李女士垫付全额医疗费。经过当地有关部门认定,事故责任方为李女士自己,而车辆驾驶员不承担责任。旅游行程结束后,领队代表旅行社要求李女士返还医疗费用,遭到李女士的拒绝。李女士同时声称,旅行社应当向其做出赔偿,因为该损失的发生,是在参加旅行社组织的旅游期间,双方各执一词,互不相让。

评析

安全保障是旅游服务中的重中之重,安全保障义务是旅行社及其领队的首要义务。在旅游服务过程中,安全保障义务的主体有:境内外旅行社提供的产品和服务、领队和地陪提供的服务,以及相关服务供应商提供的产品和服务,环环相扣,缺一不可。领队所承担的安全保障义务主要包括以下几个方面:

第一,领队必须认真开好行前说明会。组团旅行社的业务操作不尽相同,假如组团旅行社安排由领队召开行前说明会,领队必须尽可能召集全体游客参加说明会,说明的内容包括旅游目的地的法律制度、风俗习惯、宗教信仰、注意事项、气候变化等;假如游客还没有购买旅游意外保险,领队必须郑重推荐,确保游客一旦发生意外伤害事故,可以得到相应的赔偿。同时,领队应当根据以往带团的经验,将旅游途中特别容易发生的事故、纠纷提前告知所有游客,使游客在思想上引起重视。

第二,领队应当在旅游行程中进行警示和说明。领队(导游员)界老前辈们的经验是,在带团过程中,领队(导游员)必须有一张"婆婆嘴"。意思是说,领队(导游员)不仅要向游客提供讲解服务,还要反复向游客强调安全,这样的警示和说明不能仅仅停留在行前说明会上,而要在行程中不厌其烦地提醒游客。比如下车时,提醒游客贵重物品随身携带;入住酒店时,提醒游客寄存贵重物品,睡觉前关好门窗;到海滨旅游时,提醒游客不要生吃贝壳类海鲜;吃自助餐时,提醒游客看管好自己随身行李物品等。

第三,领队的警示说明必须有针对性。从理论上说,领队在提醒和警示游客时,人所共知的情况可以不再向游客提醒,只需将旅游目的地与我国的不同作详细的说明,如本案例中交通规则的不同必须清楚地告诉所有游客,请他们在步行和乘坐交通工具时特别留意。由于我国游客的文化背景悬殊较大,地域分布各异,所谓的人所共知也是相对而言,虽然有些知识应当属于常识性的范畴,但领队仍然有必要进行提醒。如交通规则对生活在城市的人们来说再熟悉不过了,但是如果游客来自较为偏僻的农村,他们对于城市的交通规则就不了解,领队不提醒仍然可能引起游客的人身伤害。又如针对老年人较多的旅游团,领队要提醒游客在洗澡时注意安全,垫好防滑垫,把浴帘放入浴缸内,防止洗澡水渗到卫生间地板上。

第四,领队的行为必须合乎规范。领队在出境旅游团中处于特殊的地位,领队的言行具有示范作用,直接影响着旅游团的言行,必须做好表率。比如在带团横穿马路时,领队一定要带领游客走人行横道,并提醒游客也必须走人行横道。以前曾经发生过领队没有按照规则带团横穿马路,游客被撞伤事件,领队为此承担全部赔偿责任。

第五,领队应及时报告组团旅行社并搜集证据。当游客发生人身或者财产损害时,领队除了救助游客外,应及时将情况汇报给组团旅行社负责人,并根据旅行社负责人的指令开展工作。搜集证据的目的,就是为日后可能出现的纠纷或者诉讼做好准备,证据收集齐全,旅行社就可能占据主动地位。

第六,旅行社(领队)应当为游客的救治垫付资金。游客发生人身伤害后,究竟由谁来承担救治费用,一直困扰着游客家属和旅行社。游客人身损害发生后,游客家属通常不愿意承担医疗费用,而旅行社和领队也常以没有过错为由,拒绝垫付医疗费用。在旅行社没有过错的前提下,旅行社和领队是否应先行垫付医疗费用呢?虽然相关法律没有明确的规定,但根据《合同法》规定的附随义务看,旅行社和领队仍然有垫付医疗费用的义务,因为医疗费用不支出,就意味着游客人身伤害程度将进一步扩大,旅行社有义务阻止该损害的扩大。在此情况下,旅行社可以要求领队督促游客家属出具借条,为日后讨还医疗费用做好准备工作。当然,如果旅行社或者领队的服务与游客的伤害有因果关系,旅行社就必须支付医疗费用。

第七,领队有协助游客索赔的义务。领队的协助义务包括两个方面的含义:假如游客的损害是由第三人造成,和旅行社(领队)的服务没有任何关系,那么领队应做好相关单位和部门的协调工作,如召集赔偿协调会等,维护游客的权益;假如游客的伤害出于意外事故,领队就应当帮助游客收集相关证据,协助游客回国后向保险公司索赔。

本案例中,由于领队事先已经将该岛屿国家的相关注意事项告知全团游客,李女士的人身伤害应当由她自己承担,并且必须全额退还旅行社垫付的医疗费用。

97 领队的保管义务应当如何履行

案例

吴小姐参加某出境社组织的欧洲旅游团。在游览某著名景点的过程中，吴小姐临时将随身携带的背包交由领队保管，等吴小姐向领队要回背包时，领队发现由于自己的疏忽，竟然丢失了背包。吴小姐声称她的背包内有现金5000元，还有信用卡等物。吴小姐要求领队赔偿共计6000元人民币。组团社得知情况后，要求领队按照吴小姐的要求全额赔偿。领队以吴小姐证据不足为由，拒绝赔偿。于是组团社明确告知领队：假如他不给吴小姐全额赔偿，将立即解除与他的聘用合同，而吴小姐的损失费用仍从他的押金中扣除。在组团社强大的压力下，领队万般无奈，最后按照吴小姐的要求予以全额赔偿。

评析

这是一起由保管游客物品引起的纠纷。吴小姐将背包交给领队，领队也接受了吴小姐的背包，并承诺为其保管，这是旅游途中经常出现的一幕。按照法律规定，吴小姐和领队之间的这种行为，就形成了保管合同关系。《合同法》规定，保管期间，因保管人保管不善造成保管物毁损、灭失的，保管人应当承担赔偿损失责任。显然，领队没有尽到保管人的妥善保管义务，领队存在明显过失，应当赔偿吴小姐的损失。

那么具体应当如何赔偿呢？按照吴小姐的说法，该损失包括两部分。第一部分背包本身的损失，第二部分是吴小姐声称的5000元现金。对于第一部分的损失，只要吴小姐提供购买背包的发票，领队就必须承担相应的赔偿责任。对于第二部分的损失，领队是否应当承担赔偿责任则值得商榷。

《合同法》同时规定，寄存人寄存货币、有价证券或者其他贵重物品的，应当向保管人声明，由保管人验收或者封存。寄存人未声明的，该物品毁损、灭失后，保管人可以按照一般物品予以赔偿。按照此项规定，吴小姐把背包交给领队时，应当事先声明背包内有5000元现金，并由领队验收。但吴小姐并没有这样做，那么吴小姐的背包内是否有现金，到底有多少现金，由谁来证明？由吴小姐自己来证明，显然缺乏应有的说服力。因此，吴小姐本身也存在一定的过失。从法律层面说,领队有权利拒绝对第二部分承担赔偿责任。

尽管迫于组团社的压力,领队给予吴小姐全额赔偿,平息了事态,但这对领队显然有失公平。该案例也提醒包括领队在内的旅行社从业人员,在为游客提供周到热情服务的同时,必须了解一定的法律常识,提高自我保护意识,维护自身的合法权益。

98 为游客代管行李物品时领队的告知义务

案例

周先生等游客参加了某国际旅行社组织的欧洲游。旅游团到达了旅游行程的最后一站,按照旅游合同约定,周先生等前往某著名景点参观游览。地陪告诉周先生等,可以把大件行李物品留在旅游车上,司机会将旅游车停在安全的地方,大家可以放心。周先生等除了携带相机等拍摄设施外,所有行李物品都留在旅游车上。等到周先生等返回停车场后发现,存放在旅游车内的所有行李物品被盗,周先生等购买的手表、首饰、化妆品等被洗劫一空,总计损失20万元左右。地陪及时报案,当地警署立案,周先生形容自己像流浪汉一样回到国内。周先生等与旅行社协商赔偿事宜未果,转而向旅游管理部门投诉,要求旅行社赔偿游客20万元的经济损失。

评析

游客财产损害纠纷的起因,不外乎游客的随身物品的损害、托运行李的损害、保管物品的损害以及物品在客房被盗等。游客会本能地认为,不论是何种情况,也不论是何种原因,只要游客财产损害事件发生,责任肯定在旅行社。事实上,按照我国法律规定,游客的观点存在很大的误区,只要旅行社及其从业人员履行了相关义务,游客财产遭受损害的责任应由游客自负。

首先,在上述案例中,游客和旅行社的保管合同关系是成立的。虽然游客按照地陪的要求把行李物品存放在旅游车上,并未说明双方之间的保管关系成立,而且旅行社也没有向游客交付保管凭证,但按照旅行社服务的交易习惯,应当认为游客和旅行社之间形成了行李物品的保管合同关系。在行李物品的保管期间,因旅行社保管不善造成保管物品毁损、灭失的,旅行社应当承担损害赔偿责任。

其次,旅行社是否承担赔偿责任,取决于旅行社和领队是否履行告知义务。按照《最高人民法院关于审理旅游纠纷案件适用法律若干问题的规定》第22条的规定,旅游经营者或者旅游辅助服务者为旅游者代管的行李物品损毁、灭失,旅游者请求赔偿损失的,人民法院应予支持,但下列情形除外:(1)损失是由于旅游者未听从旅游经营者或者旅游辅助服务者的事先声明或者提示,未将现金、有价证券、贵重物品由其随身携带而造成的;(2)损失是由于不可抗力、意外事件造成的;(3)损失是由于旅游者的过错造成的;(4)损失是由于物品的自然属性造成的。按照此项规定,领队应当要求周先生等游客离开旅游车时,应该把贵重物品随身携带。总之,如果领队事先给予了周先生等游客明确提示,周先生等的贵重物品即使被盗,旅行社也不应当承担贵重物品的赔偿责任,但旅行社要承担非贵重物品的赔偿责任。反之,旅行社则要承担全部赔偿责任。

99 游客护照在境外遗失,责任由谁来承担?

▶ 案例

游客跟团出境旅游,抵达境外入住酒店第二天发现装有三本护照及其他物品的小包遗失,几次寻找未果,只能办理单程旅行证返程。游客认为,旅行社提供游客入住的酒店治安状况混乱,是导致护照等物品遗失的原因。而且根据《合同法》及国家旅游局的《旅行社出境旅游服务质量》的规定,旅行社应当为旅游者妥善保管护照,所以要求旅行社返还已支付的旅游费并赔偿经济损失、精神损失等共计2万余元。

评析

针对上述案例,可以从三个方面进行分析:

(1)旅行社预订酒店的注意义务。

旅行社直接预订或者通过地接社预订酒店,必须履行注意义务。旅行社的注意义务包括如下几个方面:

①确保所预订的酒店具备合格的经营资质。酒店的经营资质合法与

否，必须符合所在地相关法律法规的规定，并取得相应的合法证件。如果旅行社预订的酒店不具备合法经营资质，就表明旅行社没有履行相应的注意义务，游客在这样的酒店住宿，造成了人身财产损害，旅行社应当为此承担责任。

②确保所预订的酒店具备良好的社会评价。在现实中，有一些酒店虽然具备合法的经营资质，但其管理和服务存在不少瑕疵，社会评价度很低，包括安全和服务品质方面。在此情况下，即使酒店具备合法经营资质，旅行社也不能为游客预订此类酒店，否则也属于没有完全履行注意义务。如游客在这样的酒店权益受损，旅行社也要承担相应的责任。

③上述案例中的游客要承担举证责任。上述纠纷中，如果游客坚持是由于酒店不安全导致其护照及其小包遗失，在旅行社提供了酒店合法的经营资质后，游客就要承担旅行社没有履行注意义务的举证责任。显然，这样的要求对于游客存在不小的难度，有些为难游客的意味，但法律的确是如此规定的。

(2) 游客护照保管的义务人究竟是谁？

到目前为止，没有哪一部法律法规明确规定，出境旅游护照如何保管、由谁保管。之所以会出现这样的状况，笔者认为这并不是立法者的疏漏，而是这个问题本来就不是问题。在实务中，护照应当由谁来保管更为符合实际需求，更为符合法律基本原理呢？

我们可以先看下公民身份证的保管问题。在日常生活中，公民身份证的保管人应当是谁，是不需要再作规定的。公民身份证一定是由公民本人保管，因为这是生活常识。护照是出境游客的唯一合法身份证件，其法律地位等同于境内的公民身份证，由此可以推定，护照的保管人当然是持有护照的游客。更何况，如果旅行社强制保管游客的护照，本身就是侵权行为。作为完全民事行为能力人的游客，自己有义务保管好自己的护照，遗失护照的后果，应当由游客自己承担。

(3) 如何看待行业标准对于护照管理的要求？

《旅行社出境旅游服务质量》要求，组团社应按照合同约定协助旅游者办理出境旅游证件。旅游者已取得旅游证件的，组团社应认真查验其有效期并妥善保管，以确保证件在受控状态下交接和使用。对于这句话的不同理解，可能得出不同的结论。按照游客的理解，游客的护照全程由旅行社保管，包括在境外旅游期间。所以，游客的结论是，既然保管护照是旅行社的义务，旅行社没有履行保管义务，护照出现遗失，旅行社理所当然要承担责任。

在出境团队旅游服务中,绝大部分游客的护照和签证均由旅行社代为办理,在办理护照和签证等手续期间及旅游团队出团前,护照等旅游证件均在旅行社的掌控中,等到出团前再将旅游证件交给游客。而对于一些游客已经取得了旅游证件的,行业标准予以特别要求,即旅行社要履行查验和控制义务,但这个控制证件义务也仅仅是局限于出团前。而且控制证件是为了能够确保顺利出团,而不是仅仅为了控制证件本身,这也是旅行社服务的基本要求和体现。在旅游行程中,旅游证件仍然需要由游客自己保管。

因此,在上述纠纷中,游客旅游证件出现遗失,直接导致游客无法继续旅游行程,被迫提前返回,造成如此局面的原因在于游客自己,在这个过程中旅行社没有过错,无需承担赔偿责任,旅行社只需退还游客尚未产生的费用即可,不需要给游客额外予以赔偿和补偿。

100 游客随身携带物品遗失的责任承担

》》 案例

牛先生一家三口参加了某出境旅行社组织的出国旅游,抵达旅游目的地后的第三天,按照旅游合同约定,旅游团是自由活动。领队告诉游客注意安全,并为牛先生等解答了相关问题。牛先生全家在逛街时,不慎将随身携带的背包遗失,包内有护照、往返机票、现金等财物(价值3万余元人民币),致使其一家三口身无分文滞留在目的地达6天之久。当牛先生向领队报告此事时,领队积极协助其报案,并补办临时护照,提供通信方便,安排食宿和垫款购买由目的地直航回国的机票,共垫付各项费用达1.2万元人民币。牛先生在感谢领队的协助和垫付资金行为的同时,向领队提出,由于自己是随旅游团来旅游的,无论如何旅行社也应当承担相关责任,须至少向他再赔偿2万元人民币,并退还尚未履行的服务费用。领队则代表旅行社要求牛先生归还旅行社垫付的费用,并拒绝了牛先生的其他赔偿要求。

评析

牛先生要求旅行社承担赔偿责任,理由是他随旅游团外出旅游,旅行社没有履行安全保障义务,由此产生的后果当然要由旅行社承担;而旅行社拒绝承担责任的理由是,领队已经履行了告知义务,旅行社没有任何过错。究竟谁是谁非,还要从法律规定中寻找答案。

首先,《旅行社条例》规定,旅行社对可能危及旅游者人身、财产安全的事项,应当向旅游者作出真实的说明和明确的警示,并采取防止危害发生的必要措施。本案例中,从行前说明会到整个旅游活动期间,领队就游客人身、财物安全事项做出了多次警示和说明,领队已经尽到了职责。

其次,领队和牛先生并没有保管合同关系。《合同法》规定:保管合同是保管人保管寄存人交付的保管物,并返还该物的合同。据此,只有当游客将其物品交付领队保管,因旅行社的原因导致游客财产受损,领队才应当承担责任。而在本案例中,牛先生的财物由他本人随身携带,与旅行社之间并不存在保管法律关系。

再次,物品遗失责任应由牛先生自己承担。作为完全民事行为能力人,牛先生携带物品属个人财产,理应自己保管好,特别是在人流集中的闹市区,更应该仔细看管好自己的物品,如有遗失,责任自负。

最后,旅行社和领队在牛先生财物被盗事件发生后,积极协助牛先生做好善后工作,并为牛先生垫付费用,充分体现了旅行社的人道主义思想,旅行社已尽到了责任。当然,领队和旅行社还应当协助牛先生与保险公司取得联系,办理相关意外保险赔偿。

101 游客受到人身伤害后领队应如何应对(一)

案例

张女士夫妇参加了某出境旅行社组织的东南亚旅游,旅游期间,当地导游员向旅游团推荐了一些自费活动项目。张女士夫妇交纳了自费活动的费用后,来到该景区的铁路大桥上,他们为景色所陶醉,并不断拍摄照片。当张女士的丈夫为其拍照时,她不慎从大桥的枕木间跌下,后脑着地,被紧急送往当地医院抢救。事后张女士的丈夫也承认,是张女士在拍照时大意所致。经诊断,张女士不仅手、腿骨折,而且颅内出血。国内的亲属到达后,旅行社希望他们能够支付医疗费,家属则声称没有携带现金。在此情况下,旅行社决定先行垫付张女士的医疗费用8万余元。在张女士基本痊愈后,其家属提出要求旅行社支付20万元的赔偿金,否则将向人民法院提起民事诉讼。而旅行社坚持张女士家属应当先返还旅行社垫付的8万元医疗费,在此前提下,旅行社出于人道主义的考虑,会给予张女士适当的经济补偿。

评析

张女士在参加旅游的过程中人身受到伤害,的确是一件令人同情的憾事。究竟是张女士家属的赔偿要求合理,还是旅行社的返还请求合理,主要取决于在该起意外伤害事件中,旅行社(领队)是否存在过失。就领队而言,除了积极协助救治游客、向组团旅行社报告外,还必须有强烈的取证意识,以便使旅行社在将来的协商或者诉讼中占据有利地位。

首先,领队应当有足够的书面证据证明,张女士参加该景区的自费活动项目出于自愿,没有强迫或者变相强迫。其次,领队应当有证明,不仅在旅行社的行前会,而且在领队和地陪在为游客提供服务的过程中,都已经向游客强调注意人身财产安全。再次,领队应当证明,旅行社提供的所有的产品和服务是安全的,包括旅游合同约定中的各项产品和服务、旅游合同变更后增加的产品和服务均安全可靠。至于本案例,旅行社必须从该旅游目的地国家有关权威部门取得该景区符合安全标准的证明,如该景区经营的相关合法资质等书面证明。如果旅行社不能证明该景区是安全的,即使旅行社证明张女士参加自费服务项目完全出于自愿,而且领队和地陪反复告诫游客注意安全,也难以说明该损害应全部由张女士自己承担。

综上所述,假如领队能够在团队行进过程中较为圆满地完成三个层面的举证工作,旅行社就不应当承担任何责任;假如旅行社不能完成强有力的举证工作,旅行社就可能承担责任;假如旅行社的举证有重大缺陷,其承担赔偿责任的风险就更大。

102 游客受到人身伤害后领队应如何应对(二)

▶ 案例

章先生参加了由某国旅组织的 5 晚 6 日境外游。第四天的晚餐安排在酒店附近的餐馆,由于只有大约 5 分钟的路程,就餐结束后应游客的要求徒步返回,全团游客在地陪的引导下回房休息。地陪多次提醒游客要注意脚下安全,并打手电为游客引路。尽管如此,章先生仍然不慎扭伤了脚,领队和地陪询问章先生是否需要上医院,章先生觉得不太疼,要求领队为他提供红花油。章先生回国后伤势反而更加严重,经医院检查发现脚踝关节骨折。章先生遂要求旅行社赔偿医药费、误工费、交通费、营养费等共计 11300 元,理由是只要在旅游行程中受到损害,旅行社就应当全额承担责任。虽然旅行社已为旅游团投保了旅游人身意外险,但因没有当地医院医治报告,保险公司以分不清客人受伤地点为由拒绝赔偿。旅行社和章先生双方进行协商,但未能达成一致,章先生向旅游管理部门投诉。在旅游管理部门的协调下,旅行社赔偿了章先生 3790 元,章先生撤回投诉。

评析

意外伤害事件在旅游服务中常有发生。章先生受到意外伤害后要求旅行社赔偿全额损失,其依据仅仅是"只要在旅游行程中受到损害,旅行社就应当全额承担责任"。这样的理由是受到伤害的游客普遍强调的,但如果游客不能提供更为强有力的证据,仅仅凭借这个理由就要求旅行社承担赔偿责任,显然其说服力不够。

首先,徒步回酒店休息,是包括章先生在内的游客提出的要求,领队和地陪按照游客的要求提供了相应的服务,引导全团游客徒步返回,领队和地陪在这个事件中没有过错,也无须承担任何责任。

其次,领队和地陪履行了相关的告知义务,并采取了相关措施,防止了损害的发生和扩大。地陪告诉游客注意行走安全,并且用手电筒为游客引路。当章先生受伤后,立即询问他是否需要前往医院治疗,被章先生拒绝。领队和地陪已经认真履行了其职责。

再次,章先生作为完全民事行为能力人,在地陪多次提醒后,走路应多加小心;而且受伤后对自己的伤势应有最深切的感受,应该接受领队的建议，前往医院治疗。章先生对于损害的发生和进一步扩大都存在一定的过失。

最后，领队工作仍然存在一定的不足。游客受伤后，领队首先应当建议和协助游客前往医院治疗，取得当地医院的治疗证明，为日后向保险公司索赔提供证据。如果游客拒绝前往医院治疗，领队应当要求游客书面说明，是游客自己放弃就医。上述案例中旅行社之所以赔偿了部分费用，也正是由于领队无法提供章先生自己放弃就医的证据。

103 游客受到人身伤害后领队应如何应对（三）

案例

司马先生参加了某国际旅行社组织的东南亚旅游。由于该团基本上为老年游客，旅行社极为重视，服务工作也做得十分仔细，精心挑选了领队，并特别要求领队细心服务。前三天各项服务都按合同约定有条不紊地展开，第四天在团队正常的行进中，司马先生不小心摔倒，连带把另一位老年游客胡先生也撞倒在地，司马先生自己没有受伤，而胡先生却是手掌受伤。领队赶快写出事件经过，请司马先生、胡先生和其他同团游客证明。胡先生在当地进行了简单的处理，医疗费由司马先生支付。回国后胡先生继续治疗，司马先生和胡先生商量，一致要求医疗费用由旅行社来承担。旅行社经过研究后，认为自己工作没有过错，造成胡先生人身伤害的是司马先生，应当由司马先生承担所有的赔偿责任。胡先生将事件向媒体反映，希望旅行社负责赔偿，媒体就此展开讨论，三位嘉宾律师一致认为旅行社不需要承担责任。旅行社总经理看到电视节目后，为防止社会影响进一步扩大，抱着息事宁人的想法，最后仍然给予了胡先生6000元的赔偿。

评析

在旅行社服务纠纷中，通常以旅游合同纠纷为主，即游客认为旅行社没有提供合同约定的服务，如漏游景点等，或者认为提供的服务不符合合同约定，如降低住宿标准等。侵权责任纠纷则侧重于游客的人身财产损害纠纷，上述案例就属于侵权责任纠纷。

首先，领队在该纠纷中处理得当。领队按照服务规范为游客提供服务，没有漏游景点,也没有降低服务标准,在胡先生受伤后,积极送他去医院治疗,尤其是及时写出书面情况说明,并请相关当事人作证,为日后纠纷的解决奠定了良好的基础。如果领队没有做好取证工作,旅行社肯定会为此付出代价。

其次,胡先生的人身损害应当由司马先生承担责任。《侵权责任法》规定,行为人因过错侵害他人民事权益,应当承担侵权责任。在这起纠纷中,胡先生本人是受害者,没有任何过错,给胡先生造成人身伤害的是司马先生,虽然撞倒胡先生并非司马先生的主观意愿,但其过失仍然十分明显。由此,司马先生的行为损害了胡先生的民事权益,应当承担侵权责任,需要向胡先生赔偿医疗费、交通费等相关费用。

再次,公司总经理的做法值得商榷。总经理的做法,仁者见仁,智者见智。从息事宁人的角度说,为了尽快解决纠纷,减少烦恼,总经理快刀斩乱麻,也不失为一种果断的处理方式。但从法理上讲,总经理的做法欠妥,可能助长游客的非理性维权,对于旅行社行业的发展有一定的副作用。

104 游客受到人身伤害后领队应如何应对(四)

案例

75岁的老年游客王先生在家人的陪同下,参加了某国际旅行社组织的港澳游。在报名时,门市人员向其家人打听王先生的身体状况,家人说王先生身体还可以,没有什么特殊的疾病。王先生如约参团。旅游期间王先生出现了身体不适,在得知王先生的情况后,领队和地陪马上把王先生送到医院治疗,经过医院的几天抢救,王先生仍然没有脱离危险,最终不治而亡,医院认为是高血压导致其死亡。领队以尝试为王先生争取保险理赔为由,复印了王先生的病历,病历上清楚记载了王先生的近期身体状况:王先生患有高血压病史,曾经因为高血压而中风,最近恢复良好,但已停服高血压药物半年多时间。事后旅行社协助王先生家人料理后事,其家人对此非常感谢。王先生的后事处理完毕后,其家人要求旅行社赔偿各项损失20万元,旅行社则出具了王先生的病历和医院的诊断,家人才放弃了要求旅行社赔偿的请求。旅行社本着人文关怀精神,承担了家属探望王先生的住宿交通等费用,并给予2000元的慰问金。

评析

老年游客已经成为旅游大军的重要组成部分,被许多旅行社列为主打市场目标。同时,老年游客又成为游客人身伤害纠纷的高发群体,如何根据老年游客的特点组织并提供适合老年游客的服务项目,以减少旅游服务纠纷,特别是减少老年游客人身财产损害纠纷,确保老年游客和旅行社的合法权益得以充分实现,已经成为旅行社面临的共同话题。

首先,旅行社应当建立老年游客健康档案。按照《最高人民法院关于审理旅游纠纷案件适用法律若干问题的规定》规定:旅游者未按旅游经营者、旅游辅助服务者的要求提供与旅游活动相关的个人健康信息并履行如实告知义务,或者不听从旅游经营者、旅游辅助服务者的告知、警示,参加不适合自身条件的旅游活动,导致旅游过程中出现人身损害、财产损失,旅游者请求旅游经营者、旅游辅助服务者承担责任的,人民法院不予支持。也就是说,获得游客的身体健康信息,既是旅行社的权利,更是旅行社的义务,游客不如实申报,后果将由游客自己负责。

其次,领队获取证据方式值得肯定。领队在获取证据时必须注意方式方法。可以设想,如果领队直接告诉王先生家人,复印病历是为了应对日后的索赔,显然得不到病人家属的协助,等到纠纷发生后再去取证,就会支付较大的成本,而且也不一定能够取得诸如近半年没有服药等如此详尽的信息,旅行社可能会为此承担赔偿责任。

再次,旅行社的善后工作值得肯定。虽然王先生的死亡和领队的服务没有关系,和旅行社的产品也没有关系,但旅行社能够积极妥善处理善后事宜,且经济上给予适当的资助,体现了旅行社浓浓的人情味。

105 游客受到人身伤害后领队应如何应对(五)

案例

范先生与家人一起参加了某国际旅行社的东南亚旅游。在报名时范先生就和旅行社说明,在旅游期间要拜访朋友。由于游客的集合地点是机场,按照旅行社的安排,旅游合同由领队负责和游客在机场签订。但到达机场后,范先生说钱已经交了,合同签不签订都不重要,只要领队认真负责就可以。范先生在到达旅游目的地后的第二天,经领队同意后离团拜访朋友,在正常行走时被当地车辆碾过脚背,驾驶员全责,支付了全额治疗费用,并给予了适当的补偿。行程结束后,范先生要求旅行社退还全额旅游费用,理由是虽然是随团旅游,但其旅游行程基本都在医院。范先生强调,如果旅行社不退团款,就到旅游管理部门投诉,要求对旅行社没有签订旅游合同行为进行处罚。最后旅行社只得妥协,全额退还旅游团款3500元。

评析

侵权责任纠纷的发生,最为重要的是确定侵权责任人,不能因为旅行社是组团者,就必须无条件地承担侵权赔偿责任,事实上,很多旅游侵权纠纷的责任人,往往不是旅行社及其业务人员,而是旅游目的地的相关组织和个人,或者是同团游客,上述案例即为明证。

首先,范先生所受伤害应当由驾驶员承担赔偿责任。虽然范先生参加了旅游团,但并不意味着旅行社必须为游客受到的所有伤害承担责任。在这起侵权损害纠纷中,侵权责任主体非常明确,而且驾驶员已经承担了范先生所遭受的损失,旅行社没有过错,也不需要承担任何责任。范先生以法律规定为要挟,获得旅行社并非自愿退还的旅游团款,从严格意义上说是不当得利。

其次,旅行社是否有必要准予范先生离团。在旅游期间游客是否可以短暂离团,应由旅游目的地国家或者地区法律规定。但作为组团旅行社,为了减少不必要的麻烦,如范先生所遇到的人身伤害等,旅行社应当尽量减少游客离团,这样既便于领队的管理,也更有利于确保游客人身财产的安全。如游客离团期间发生纠纷,即使旅行社没有责任,善后事宜的处理也会增加旅行社财力物力的支出。

再次,旅行社退还全额旅游团款,是否可以免除旅行社的行政责任。旅行社受到范先生的要挟,退还了全额旅游团款,仅仅解决了民事纠纷。按照《旅行社条例》的规定,旅行社没有和游客签订旅游合同,就应当受到旅游管理部门"责令改正,处2万元以上10万元以下的罚款;情节严重的,责令停业整顿1个月至3个月"的处罚,不论旅行社是否已经向游客做出赔偿,都不能免除行政责任,两者不能相互替代。当然,如果领队按照规定与游客签订了旅游合同,就可以省去后续的许多麻烦。

106 游客受到人身伤害后领队应如何应对（六）

案例

方先生经人介绍参加了某国际旅行社组织的出境旅游。总体来说，方先生对于各项旅游服务较为满意，但美中不足的是，在旅游即将结束时他遇到了一件较为遗憾的事情：由于客房卫生间没有防滑垫，方先生在洗澡时不小心摔了一跤，引起了轻微的人身伤害。领队得知情况后，立即询问方先生的摔跤经过，并送方先生及时就医，然后到同团其他游客的房间察看，发现许多客房都没有防滑垫，就用手机拍了照片，然后找到饭店负责人，要求饭店予以赔偿。饭店负责人处理较为消极，只有口头承诺而没有具体行动，但经过领队锲而不舍的交涉，饭店终于答应给予赔偿，由于领队的交涉过程没有告知游客，当游客拿到赔偿后十分意外，转而十分感动和感激。事件得到了圆满的解决。

评析

在旅游途中发生游客人身财产损害纠纷时，能够第一时间参与处理的就是领队。如果领队能够及时妥善处理纠纷，维护游客的合法权益，把问题解决在第一时间和第一现场，这样解决纠纷的成本会最低，而效率却是最高；反之，如果把纠纷带回，由旅行社出面处理，由于错过了最佳的处理期，处理的成本必将提高，效果也未必最佳。

首先，尽力挽回游客的损失是领队的义务之一。作为组团旅行社派出的代表，领队重要的职责之一，就是维护全团游客的合法权益，既包括监督地接旅行社按合同提供服务、阻止地陪强行要求游客参加超出合同约定的项目等，也包括发生游客权益遭损害事件时，与侵权主体交涉，帮助游客得到赔偿等，而不能置身事外。可以设想，如果领队没有和饭店交涉，旅游团队返回后，方先生要求旅行社承担赔偿责任的概率极大。由于领队的及时处理，既挽回了方先生的损失，给方先生留下了良好的印象，又减轻了旅行社的负担，真的是一举多得。

其次，帮助游客维权不能随意承诺。领队帮助游客向侵权主体索要赔偿，以维护游客的合法权益，既可以高调进行，事先告知游客，并表示尽力而为，也可以采取低调的方式，仅仅向游客表明维护其权益的态度，但不向游客承诺，而是以实际行动尽力和侵权主体交涉。这两种方式很难说孰优孰劣，领队可根据不同情况予以取舍。但有一点必须明确，不论采取何种方式，领队都不可以随意向游客承诺索赔结果，否则可能带来意想不到的后果。

再次，游客必须注意搜集证据。游客人身财产损害发生后，领队必须收集相关证据，作为向侵权主体索赔的依据。领队要想获得侵权主体的赔偿，必须摆事实讲道理，没有证据证明其侵权行为的存在，就不能得到侵权主体的赔偿。同时，如果领队不能说服侵权主体予以赔偿，返回后就可以把证据提供给旅行社，由旅行社继续向侵权主体进行索赔。

107 游客受到人身伤害后领队应如何应对（七）

案例

王先生参加某国际旅行社组织的澳洲八日游。在报名时王先生向旅行社咨询，中途是否可以离团一天，因为想去悉尼参加一个商业活动，旅行社告诉他不可以离团，如果参加商业活动就应当办理商务签证，而不是参加旅游团。王先生承诺随团旅游。到了悉尼后，王先生仍然按照原计划参加当地的商业活动，但事先没有和领队商量，领队和他通话后才得知事件经过，只能要求他尽快回到旅游团。当天下午王先生电话告知领队，他在商业活动中不慎扭伤了脚踝，已经在朋友的帮助下住进了医院。领队得知情况后，要求地接旅行社派人前往医院探望，了解王先生的伤情，并提供了适当的帮助，王先生感谢旅行社的关心，表示会在行程结束时与团队会合后回国。王先生回国后，要求旅行社承担相关医疗费用。由于出团前旅行社已经向王先生说明了责任保险和意外保险的区别，并向王先生推荐了意外保险，但王先生不愿意购买意外保险，旅行社以非旅行社责任事故为由，拒绝承担赔偿责任。

评析

从受理的游客人身伤害投诉看，绝大多数人身伤害属于意外伤害范畴。针对这一现象，旅行社除了履行安全保障义务外，更多的是要向游客推荐购买意外保险。尽管现在有些旅行社投保旅游综合险，可以转嫁一部分意外伤害风险，但由于一些旅行社的保险资格存疑，旅行社如此操作并不能完全避免经营风险，最为理想的方式仍然是由游客自愿购买意外保险，而不是由旅行社代为办理。

首先,旅游意外保险应当由游客自愿购买。游客人身伤害大致可以分为责任事故和意外事故两大类,责任事故由责任人承担赔偿责任。如果责任人是旅行社,旅行社就可以启动责任保险加以赔偿;如果是意外事故,可以通过游客投保的意外保险加以赔偿,而旅游意外保险必须由游客自愿购买,但旅行社必须向游客作出明确的提示。按照《旅游法》的规定,旅行社应当提示参加团队旅游的游客按照规定投保人身意外伤害保险。按照此项规定,推荐意外保险为旅行社的法定义务。旅行社提示在先,王先生拒绝购买意外保险,其意外伤害自然难以得到赔偿。

其次,旅行社不负责游客擅自离团期间所受到的人身财产损害。《最高人民法院关于审理旅游纠纷案件适用法律若干问题的规定》第20条规定,旅游者在旅游行程中未经导游或者领队许可,故意脱离团队,遭受人身损害、财产损失,请求旅游经营者赔偿损失的,人民法院不予支持。

再次,领队必须强调游客不可离团。在出境游行前会和旅游途中,领队必须明确要求游客不可离团,必须随团旅游,也不能向游客收取离团费。

108 游客受到人身伤害后领队应如何应对(八)

》》案例

赵先生和单位同事参加泰国一地旅游,按照旅游行程的安排,赵先生等要去参观泰拳对练表演项目。到了现场后气氛非常热烈,赵先生跃跃欲试,希望共同参与表演,因为赵先生年轻时在业余体校学习过泰拳。当赵先生向领队提出要求参与表演时,领队坚决反对,同团同事闻讯也是力劝其放弃,但赵先生坚持要参与,最后地陪只得转告表演者,有游客希望与他切磋,表演者也是婉言谢绝,但赵先生固执地要参与表演,在屡次劝说无效的情况下,表演者和赵先生开始了对练,结果只用了一个回合,赵先生的手臂就被打成骨折,领队立即把赵先生送往医院救治,然后写出事实经过,请赵先生的同事、地陪和泰拳表演者签名。行程结束后,赵先生要求旅行社承担医疗等费用共计3万余元,旅行社拒绝赔偿,被赵先生投诉至旅游管理部门。经过调查核实,旅游管理部门没有支持赵先生的投诉请求。

评析

　　旅游项目本身无所谓优劣，而且也很难说旅行社提供的旅游项目就绝对安全，因为在整个旅游行程中，受旅行社掌控的环节有限，各种外在因素都可以影响旅游行程的安全。为确保游客人身财产的安全，固然需要旅行社采取各项应对措施，同时也需要游客的积极配合，如果游客不配合，也会发生意想不到的后果。

　　首先，领队要劝阻游客参加不适合自身条件的旅游项目。领队在带团过程中，应当对游客的身体状况有大致的了解，对于一些特殊且明显不适于某些游客的服务项目，领队应毫不犹豫地劝阻，防止损害游客人身伤害事件的发生。当然，这里所讲的仅仅是劝阻，领队不能限制游客的人身自由，就像上述案例中的赵先生一样，他还是有自我选择的自由，只不过产生了较为严重的后果。

　　其次，旅行社不必为此承担赔偿责任。按照《旅游法》的规定，由于游客自身原因导致包价旅游合同不能履行或者不能按照约定履行，或者造成游客人身损害、财产损失的，旅行社不承担责任。对照案例可以看出，赵先生的人身伤害，完全是赵先生不听从领队、地陪等劝阻的结果。同时，赵先生发生人身伤害事件后，领队和导游等都履行了及时救助的义务，赵先生应当为其鲁莽的行为承担后果。

　　再次，领队要做好救助工作，防止损害的进一步扩大。不论出于何种原因，在旅游行程中发生游客人身伤害事件，领队和导游得知情况后，都有在第一时间实施救助的义务。如果领队和导游收到求救信息后，仍然坚持放弃救助游客的义务，就会为此承担相应的补充责任，即承担游客损害进一步扩大的责任。